中外文稀有版本文献

《德国的革命和反革命》

③

革命与反革命

【德】弗里德里希·恩格斯◎著
刘镜园◎译

中央编译出版社
CCTP Central Compilation & Translation Press

前言

《德国的革命和反革命》是恩格斯总结德国1848—1849年革命经验的重要著作。恩格斯指出应该根据社会总的经济状况和生活条件研究革命发生和成败的原因，他论述了无产阶级领导权和工农联盟的问题，他强调革命是“社会进步和政治进步的强大推动力”，阐明了无产阶级革命斗争的策略原则。

《德国的革命和反革命》原文是恩格斯1851年8月—1852年9月写的19篇文章。1851年7月底，《纽约每日论坛报》编辑查·德纳约请马克思为该报撰稿，由于马克思忙于经济学研究，因此请恩格斯帮忙撰写了这些文章。这些文章发表在《纽约每日论坛报》的“德国”专栏，署名为“卡·马克思”，直到1913年马克思和恩格斯的来往书信发表后，人们才知道作者是恩格斯。这组文章在马克思、恩格斯生前没有出版过单行本，只有开头的几篇曾被译成德文在美国的德文报纸《纽约晚报》以及柏林出版的《德意志总汇报》上转载过。1896年，马克思的小女儿爱琳娜用原文字（英文）对这组文章进行编辑，于同年4月在英国出版单行本，书名为《革命和反革命或1848年的德国》。1900年，马克思的二女儿劳拉将此书译成法文出版。

《德国的革命和反革命》首个中文全译本1930年5月由上海新生命书局出版，译者是刘镜园，书名译为《革命与反革命》。译者指出，该译本是根据卡·考茨基1896年翻译出版的德文本和当时在苏联出版的俄文单行本翻译的。这个译本在新生命书局先后三次再版。第二个中文全译本由王右铭、柯柏年翻译，1939年3月上海生活书店出版，这是中国共产党直接组织翻译及出版的第一个中文全译本。1939年4月，这个译本作为“马恩丛书”第八种在延安解放社重印，译文、版式等均未变动，但译者改为王石巍、柯柏年。该译本先后在解放社、新华书店等机构多次重印。

中华人民共和国成立后，由中央编译局翻译的《德国的革命和反革命》新译本最早于1961年出版，收入《马克思恩格斯全集》第八卷。此后，市面流通的版本基本为中央编译局译本。为向国内学者提供权威的版本资料，进一步推动《德国的革命和反革命》的研究，中央编译出版社此次整理出版了《德国的革命和反革命》在全世界传播较为广泛的英文版、德文版，以及1949年前中国出版的全译本。如有不当之处，敬请批评指正。

张远航

2024年3月

民國十九年五月三十日出版
民國二十五年五月十日三版

革命與反革命
——實價六角

版權所有
翻印必究
4001——5000

原著者　恩格斯
翻譯者　劉鏡園
出版者　新生命書店
發行者　新生命書局

發行所　上海愛而近路　新生命書局
分發行所　南京太平路　北平琉璃廠　武昌橫街頭　新生命書局
門市部　上海愛而近路　新生命書局

譯者序言

這本書是集合馬克思在紐約講壇報的通信而成，是一部用辯證的唯物論解釋歷史的傑作。直到歐洲大戰開始的時候，人家尙都公認這本書是馬克思的手筆，但是馬克思恩格斯的往復通信集發表以後，我們才知道這是由恩格斯寫成，用馬克思的名義在報紙上發表的。這是一批論文，在十三個月期間以內寫成的，第一篇是恩格斯在一八五一年八月二十一日作的，最後一篇是在一八五二年九月二十四日，至於第二十篇『科倫共產黨事件』，一般都把牠當做本書的末章，但是在最初牠並不屬於『德國的革命與反革命』的正文。

我們說這本書從首至尾係恩格斯所作，我們須從馬克思恩格斯往復通信集中略譯幾段以資證明。在通信集中有很多地方，提到對講壇報作關於德國一八四八年革命的通信的事，我們因爲篇幅所限，祇譯出下面的幾段。

一八五一年八月十四號馬克思給恩格斯的信：

『我，現在正忙着寫經濟學；關於紐約講壇的事情，你應當幫一幫我的忙。請你寫幾篇關於德國的文章，請從一八四八年寫起。……』（參看通信集第一卷二二六頁。）

一八五一年八月二一號恩格斯的回信：

『這裏我附寄這一篇文章，請你收下罷。種種環境上的掣肘，使我把牠寫壞了。第一，我自從禮拜六來（八月十六日），身體屢有不適之處。再則，材料又非常缺少——單憑記憶所得只純粹是些零碎而不充分的事實。三則，受託後的時間和工作又這般緊迫，我對於刊物和它的讀者的範圍都差不多完全沒有認識，所以我沒有作整個的計劃的可能。最後還有一點，就是我未能將所有的稿件，收集起來作一番的比較……以免後文之重

譯者序言

複。所有這些情形，再加以我的文章好久沒有練習，使我把這篇文章寫得很乾燥，假使這篇文章能有令人稱許的地方，這也只是我的比較流暢的英文——這是我要歸功於我這八個月來差不多只說英文只看英文的習慣的。Enfin, tu en feras ce que tu voudras.（總之，你就隨你的意思決定罷。）』

一八五一年八月二五號馬克思收到文章的回信：

『D'abord mes remerciments pour ton article.（首先我謝謝你替我做了這篇文章。）不管你所說的種種惡劣環境如何，但它還是寫得很好，我就照原文寄到紐約去了。……』（參看通信集第一卷二二九頁）。

一八五二年一月二十二號恩格斯給馬克思的信：

『信內附帶寄上爲講壇的第七篇文章。第八篇以後，我打算明晚再做，今天我還要替Weydemeyer做一點東西。……』（參看通信集第一卷二八七頁）。

至於這本書的內容是在敘述一八四八年德國革命的經過，其失敗的原因，和分析當時各階級在爭鬥中的相互關係。在這本書中，恩格斯又指出資產階級革命中無產階級的策略，武裝暴動之條件，民族問題與革命戰爭等之關係。恩格斯的這些意見，有許多是爲以後的各國革命運動史所證實，所以常爲以後的革命者所稱引。本書的頭四篇論文，簡括的敘述革命以前的德國，其階級、政治組織與運動、革命爆發之徵兆等等，爲以後研究和著作革命史的人的模範。以後的幾章則敘述革命的歷史，以革命的眼光和熱情批評當時的政黨和領袖。我們讀這本書不唯可了解一八四八年德國革命之本身，而且更重要的是我們由此可以獲得許多方法，去研究別的革命。

★ ★ ★

一八四八年的德國革命是資產階級的革命，牠所要完成的任務是創造一民族的統一的國家。至於這種任務在當時何以被列於歷史的議事日程之上，需要革命來解決，我們假如要明瞭此點，必須明瞭當時德國的經濟政治情形。大家知道，一八四八年的德國革命是失敗了(失敗的原因，本書講得很詳細)，即是沒有解決資產階級革命的任務，至於這種任務在德國是怎樣解決的，我們今日中國的讀者也有知道的必要。我們將在下面對此問題作一簡單的敘述。

十九世紀初歐洲資本主義的發展，還在青春時期，商品的流通，要求剷除小國的疆界，要求剷除國家的分裂。牠需要統一的關稅制度，需要統一的法律，因為關稅、民法、鐵路運費等的不一致，使各個獨立國家之間的商品交換發生相當的困難。恩格斯說，資產階級非常不願意走幾里路就遇見一道新稅關，度量衡和幣制單位各處都不一致和紊亂；工業每發展一步，即受到官僚勒索苛徵的摧殘。他們都十分感覺得國家分裂成若干小國是工業發展的障礙，由此即發生民族統一國家的要求。

著名的經濟學家李斯特描寫當時的德國情形說：「德國有三十八道稅關，妨害國內商品的流通，一如人身上每一血管有意的與別的血管隔開，不許血液由一血管流入別一血管一樣。假使漢堡要與奧地利或者柏林與瑞士經商，則商人須經過十個國家，要研究十種完稅制度，和需要十次的納稅。誰要是不幸住在三四國交界的地方時，那麽他就要在這些國家的互相仇視的收稅吏中間，度過一生……。」

德國分裂的原因，主要的是受了外力的壓迫。

德國自十九世紀初葉（或者還早些），正在一最受壓迫的時代，主要的是法國對牠的壓迫，其次是俄國。使略者對於德國分劃了許多次數，使牠分崩離析，他們分割牠的領土的這一部分或那一部分，使其直接或間接的隸屬於自己。在特申和約（一七七九）的時候，俄國與法國共同瓜分德國的領土。在的爾西特和約（一八〇七）中，普魯士喪失了許多土地，只剩下二八五六方英里的土地和四百五十萬的居民。而且拿破崙組織萊因聯盟，使萊因的一些小國隸屬於自己，命令這些聯盟的諸國家，於法國與任何外國宣戰時，甚至於與德國宣時，都要幫助他六萬三千軍隊。德國以內的奧地利與普魯士的對抗，拿破崙還以爲未足，要藉萊因聯盟造成第三德國，使德國人中間相互衝突、對抗，使統一爲不可能。以後拿破崙打敗了，似乎民族自由的主張應當勝利了。但是一八一五年參加維也納和議的，不是人民的眞正代表而是國王與外交家。恩格斯說維也納會議中，最小的王朝的利益，比最大的民族的利益，還要重要。德國還是如前的分裂。維也納和議只是種下許多社會震動和民族反抗的種子。

國外民族的壓迫和國內的分裂陷德國的經濟發展於可悲的狀況。鄰國對於德國都建立了關稅的高牆，抵制德國的商品。英國使德國不能對牠輸入木料和麵包。德國既分裂成許多小邦，卽不能保護商人在國外的利益。萊因流域的工商業家在他們上普魯士國王書中說：『歐洲的一切市場都用關稅的牆壁對於我們的商品封鎖抵制，而德國的市場則對於歐洲的商品開放。」

德國的工業又因爲國家的分裂，不能支配着很廣大的國內市場。每一小邦都有牠自己的徵稅章程，而且每一小邦內的各省，又各有其特別法律和特別稅則，都是由中世紀保留下來的。在一八〇六年，有六十七種不同的稅則存在，其中十一種徵國產稅的稅則包含二千八百七十五種貨品。甚至於在一八一五年以後，德國有三百多小邦和自由城，共同組成三十九個特別區域。德國各邦只是逐漸的戰勝這些鉅大困難，在一八二七年開始成立關稅聯盟，目的在使全德國獲得一致的稅率。這一聯盟以後由各邦陸續加入，直到一八七一年德國統一成立帝國時，加入聯盟的各邦都成了帝國之一部分。在一八三七年以後，關稅聯盟開始與各國，荷蘭、英國、希臘、比利時等國訂立通商條約。

一八四八年德國的革命就是在國家分裂，阻害經濟發展的狀況之下發生，那時的資產階級還算是國民利益的代表，因爲牠的需要最和全國人民的需要相接近，即是說牠自己的利益最要求國家的强大與統一。當時的貴族諸侯是最反民族主義的，即是他的利益與國民的利益全不相容。但是在革命的過程中，資產階級因無產階級運動的威脅而背叛革命，革命失敗，牠因資產階級的背叛，而失敗了，統一因之沒有完成。

『國家統一的完成，在一八四八年模糊的努力差不多到處失敗以後，很明瞭的，只有三條路存在。』恩格斯說。

『第一條道路是推翻一切分立的國家，實現眞正的統一，換言之，即公開的革命的道路。這一條道路，當不久以前在意大利獲得成功，薩甫爽王朝加入革命，因此得到了王位。但是德國的……霍亨索倫王朝……不能勇敢的走這一步。人民須得自己担任做一切的工作。由此就產生一種情形，除了革命驅逐一切諸侯，成立統一的德國共和國以外，沒有別的出路。……

『假使拿破崙第三在十九世紀六十年間對德人宣戰，萊因疆界問題尖銳的提了出來，那時德國人民或者要走這一條路。但是這件事沒有發生，由此這一可能就延宕下去。尖銳的時機，即是那種使國家統一成為燃眉之急的問題，一分鐘也不能推延的時機，沒有出現。這就給別的兩種可能開闢了道路。……

『第二條道路是在奧地利領導之下的統一。

『因為拿破崙的政策的關係，因為他為了反對普魯士必需要有一個不十分弱的奧地利的關係，於是奧地利在一八一五年後，還保存着相當廣大的領土。但是實際上牠比普魯士要弱些。牠對於牠從前所有的德國南部的土地，現在也不要求了。牠和德國的關係日弱一日。梅特涅的政策是使奧地利與其他部分的德國之間建立一道長城隔離起來。無數次的完稅和奧地利的反動的護照章程等等，異常的妨碍了兩方面的經濟關係。政治、思想、和知識上對奧地利的影響因檢查制度而相當的困難。奧地利成了最反動的國家。一八四八年以後牠的統治者的一切努力都是在企圖恢復三月革命以前的制度。此外，還有宗教的因素難以使一切德國人在奧地利領導之下統一。革命以後的奧地利仍然是一特殊的天主教的國家……假使奧地利要統治那人口三分之二都是信奉新教的國家，未免是極不容易……

『奧地利領導之下的統一，這只是夢想。此在一八六三年已完全明顯的表露於外，當時在法蘭克佛特，德國中小國家均派代表去開會，準備推戴奧地利的國王，法蘭士·約瑟夫爲德國皇帝。而普魯士國王只須簡單的不到會，使這一會議就變成了一幕單純的、滑稽的喜劇。

『現在只有第三條道路：德國在普魯士領導之下統一。這是由上層統一的道路，因爲德國資產階級的革命運動已成爲歷史的不可能。一八四八年法國的二月革命以後，繼起的有維也納的三月革命和柏林的三月十八日的革命。資產階級沒有認眞的參加爭鬥，很容易的獲得了勝利。他們不想作堅決的鬥爭。不久以前，他們和社會主義者及共產主義者有過接洽(特別是在萊因)。但是很快的他們看出德國也在誕生一整個的工人階級，雖然他政治上沒有經驗，然而在本能上是革命的，仇視資產階級的階級統治。法國的事情就是明顯的教訓。那裏的無產階級已提出要求，而且是一些與資產階級制度的存在不相容的要求。一八四八年的六月二十三日那裏的資產階級與無產階級簡直到了直接決鬥的程度。在血流成渠的巷戰以後，無產階級被人擊敗。從此時起，全歐洲的資產階級都轉變到反動勢力一方面，和那不久以前想藉工人的幫助以推翻的專制主義的官僚締結聯盟；反對「社會的公敵」即反對那同一的工人。」

資產階級叛賣農民的利益和封建勢力妥協，其結果是讓封建地主的勢力在這反動聯盟中占得優勢。所謂從上層的統一，即是由上層的革命，而非下層的革命，實現德國的統一，這是由德國地主階級的代表，俾斯馬克實現的。一八六三年俾斯馬克執政，他用鐵與血的政策來實現國家的統一。他爲達到國內的統一，必須實行國外的戰爭。每次在對國外戰爭的勝利以後，就有新的小邦加入他所統一的國家以內。

俾斯馬克的民族戰爭，第一次是在一八六四年。希萊斯維格和荷爾斯坦是日耳曼民族占大多數的二州，在丹麥的支配之下已久。他們要求脫離丹麥的統治併入德國。德國的愛國主義者於是盡力贊助這兩州的要求，爲他們解放民族壓迫。一八六四年普魯士與奧地利對丹麥宣戰，很快的得了勝利，普國獲得了希萊斯維格，奧地利獲得荷爾斯坦。

一八六四年的戰爭以後，在誰領導之下——普魯士或奧地利——統一德國的問題一天一天的更爲緊張了。俾斯馬克則積極的準備着對奧地利的戰爭，想把奧地利從德國聯邦中，驅逐出去，再組織一個集中的隸屬於普魯士的小德國(Kleindeutschland)。一八六六年就發生普奧戰爭，結果普魯士擊敗了奧地利，從奧地利的手中奪回了荷爾斯坦，又兼併了漢諾浮、黑森拿騷、和佛蘭克佛特的自由城。

在一八六六年普魯士勝利以後，奧地利宣言退出德國聯邦。那時德國統一的敵人，只剩下法國，因爲拿破崙第二想盡力使德國繼續分裂，想造成兩個國家，南德聯邦與北德聯邦。一八六六年是小德國的政策勝利之一年。一八六六年——六七北德聯邦組織成功。除了南德的四邦以外，其餘的德國都加入這一聯邦。俾斯馬克這樣的就把三個小邦的諸侯驅逐了，合併於普魯士的版圖。

組織北德聯邦是德國統一的進步，但是德國的統一只有在與法國宣戰勝利以後，才能鞏固和完成。在對法國宣戰之中，分立的德國南部亦欣然與北德聯合以抗法國，德國的北部和南部對拿破崙第三的共同勝利是促成德國統一的一最有力的因素，一八七〇年在圍攻巴黎之時，統一的德意志帝國宣告成立，即是德國的統一由上層革命來完成。

由此，一八四八年德國革命所未解決的民主革命的任務——建立民族統一的國家——由一八六四、一八六六、一八七〇——七一的三次對外戰爭來完成了。德國一八四八年革命及以後的戰爭，很明白的告訴我們，凡受民族壓迫的國家，統一與獨立的道路，或者是經過革命，或者是經過對外的戰爭，假如不能經過『上層的革命』來統一的，將來必然要經過下層革命來統一。

★ ★ ★

此外，關於民族問題，我們要指出恩格斯在本書上做了一點時代的錯誤。我們承認馬克思和恩格斯在一八四八年的革命中是主張波蘭獨立和匈牙利獨立的，即和現代的馬克思主義者要求弱小民族的民族自決權一樣。但是在本書中，恩格斯對於奧地利國境以內的斯拉夫民族却否認他們有能獨立的生存，特別是對於捷克民族，認為他是死亡的民族，須同化於德國人。此種意見在以後為事變所批駁，特別是大戰以後，奧地利的分解，捷克斯拉夫民族有牠自己的獨立的國家。實在，我們認為這種錯誤只是時代的。在一八五〇年代，與四千萬的德意志人對立的捷克人，只有三四百萬，那些地帶的工業、商業、文化事業都操之於德人之手，捷克民族內部還沒有資產階級的存在與發展，而且恩格斯在這本書中是認革命不久要到來，會創造一統一的（包含奧地利在內的）德國的，當他作此種希望時，他很容易假定德國的革命的和民族的興盛，容易把反革命的斯拉夫民族的民族生活同化於德人（等於中國人之同化於漢族）。但是恩格斯的這種希望沒有實現，以後一八六六年奧地利脫離德國聯邦，捷克人和別的斯拉夫人得以聯合起來，八口也改變爲一千一百萬的斯拉夫人對七百萬德國人之比例了。這些民族的資產階級也形成了，環境也與一八四八年不同了，所以這些民族以後能獨立的生存。

★　★　★

此書的德文譯者是考茨基，他的德文版序言，因爲對於中國讀者沒有大的興趣，故未譯出，但是考茨基的序和最近出版的俄文本的序言中有一部分均爲此序所採用，並此聲明。

五月十日，一九三〇，上海。

編輯者言

以下的論文在現在是四十五年以後第一次刊印爲單行本。他與馬克思的最有價値的拿破崙第三的政變的著作路易·邦拿巴特的布魯麥月之十八日堪稱雙絕。這兩個著作都屬於同一時代，都是恩格斯所稱的『……馬克思的可驚異的材能的最好的榜樣，表示他在鉅大的歷史事變正在開展的過程或剛剛完成的時候，卽能明瞭的理解該事變的性質、意義及其必然的後果。』

這些論文是馬克思在一八五一年至一八五二年寫的，卽他到了英國十八個月以後；他當時是和他的夫人，三個小孩以及他的終身之友希倫娜·德謨同居在蘇何的丁昂街的兩間屋子裏，在皇家戲院的對門。他們差不多有十年的光景都是顛連困苦。當一八四三年普魯士政府封禁了馬克思所編輯的萊因新聞時，他和他的新婚婦孅妮同到巴黎。不久普魯士政府即要求法政府將他驅逐，——有人說亞力山大·亨波爾特是這次代表普魯士政府提出此要求的人——基佐先生不好意思不應允此種請求。馬克思被逐出法國行赴布魯塞爾。普魯士政府又要求驅逐他；因為法國政府已經同意了驅逐，比利時政府自然是不便拒絕，馬克思於是接到了限期出境的命令。

但是在同時候驅逐了馬克思的法國政府也同別的以前的法國政府一樣的被推翻，新的臨時政府經過斐逈南·傅羅恭請求『勇敢而忠實的』馬克思重蒞法國，他只是為『專制所放逐，他現在同一切為神聖的主義即為世界大同主義，爭鬥的人一樣』的受人歡迎。馬克思接受了這請書；他住在巴黎數月之久。以後他回到德國，創辦新萊因新聞於科倫。而萊因新聞社的新聞記者的生活頗不寂寞。馬克思兩次為人起訴，但因陪審官不定罪的關係，普魯士政府為省去麻氣而抄近路，逕行封閉了該報。

馬克思和他的家庭，回到那僅在數月前大開門戶歡迎他進來的一國了。天氣已有改變，政府也是如此。我們在我們的母親的雜記中找出了一段說：『我們住在巴黎一個月了。這裏又不是我們的安身之所，有一大晴天早晨，警察廳的一個面孔熟識的官佐到我們這裏通知說，卡爾（馬克思名）和「他的夫人」應於二十四小時內離開巴黎。他爲優待我，我們可以在摩爾比罕（Morbihan）的凡勒地方居留。自然我們不能接受這樣一個充軍，於是我們又收拾我們的小行李，去到倫敦找尋安身之所，卡爾在我們以前馳往準備一切。』這裏所謂我們是我的母親，希倫娜．德謨以及三個小孩：嬿妮（後來是隆格夫人），娜拉（後來是拉發格夫人）和愛格爾，後於八歲死去。

倫敦的棲遲眞是平安，雖然我們是常受驚風駭浪過來的。當時有幾千亡命客住在倫敦，都是多多少少的貧困。以後的年代更是赤貧如洗，艱苦備嘗，這種艱苦，只是一種在異鄉的分文俱無的異客所感覺得到的。假使這些人中沒有信仰，沒有他們的一種堅不可破的『幽默』，這樣的貧苦是不能忍受的。我們用幽默這德國字，因爲我不知道英國表示同樣意義的一個字，——一種詼諧與好性格，無憂無慮的勇敢與精神健旺的結合。

讀者可以想像馬克思是在何種情形之下工作，是在何種情形之下，他寫成這些論文，布魯麥月之十八日，以及準備他的第一部經濟鉅著經濟學批評（出版於一八五九年）。我又從我的母親的雜記中引用上面一段。自從家庭到此後不久，即生了第二個男孩，他祇在兩歲時就死去了。以後又生第五個小孩（女孩），祇有一歲時，她也害病死了。我的母親寫着道：『這個可憐的小孩與死搏戰，她是如此的痛苦………，她的小屍體放在後面的一間小室內，我們全體（即我——編者自稱（下同）——的父母希倫娜•德謨及三個大孩子們）都到前面的一室，黑夜來時，我們都睡在地板上，三個小孩子都臥在我們的側邊。我們都為這個臥在我們旁邊的小兒哭泣，這個小兒之死，正當我們最貧苦的時候。我們的德國的朋友不能幫助我們；恩格斯在倫敦尋找文字的職業無效，他祇得在極不利的條件之下去到曼徹斯特他的父親的公司裏做一個職員。伊倫斯特•瓊斯（Ernest Jones）在此時常來看望我們，雖答應幫助我們，但是沒有辦法。……我的心情充滿着悲哀，跑到住在附近，從前有時來看望我們的法國亡命客那裏，我告訴他我們的急需，立刻他慨然給我二磅。我們用這個錢，買了一副小棺材，將長眠的小孩安放在內。當她生下以後，我沒有搖籃給她睡，卽是一小塊的葬地，也是好久以後才找着。……李布克奈西特寫信告訴我（編者）過，他說：「那是一些可怖的日子，但是那也是光榮的日子。」

在那丁安街的『前面的一室』，馬克思在那裏工作，小孩在他身邊玩耍。我聽着講這些小孩如何在他的背後堆了一些椅子，作為馬車，將他繫着作為一匹馬，雖然在他工作的時候，也要『拿鞭子打他走』。

馬克思經過斐迪南·佛萊利格拉（Ferdinad Freiligrath）介紹於紐約論壇報的經理坦挪先生（他當時還同情於社會主義），他首先寫往美國的稿件，正是此地所重印的一些論文。這些論文在社會上頗引人的注意，於是在這些通信還未完結的時候，馬克思就被聘爲常駐倫敦的通信記者。在一八五二年三月十二日坦挪的信說：『或者你很喜歡聽見的，就是這些信件爲許多的人看着了都滿意，而且很多地方都轉載他。』從此馬克思（除了一個短時期的間斷）不僅按時替該紐約報紙作通信，而且替該報作了許多社論。一八五三年的社論欄裏，一個編者附註說：『馬克思先生眞有其獨特見解，我們對於有些是完全不能同意的；但是假如人不看他的通信，他就失掉了一個關於歐洲政治問題的最有價値的消息的來源。』

其中有論帕麥斯頓（Palmerston）爵士（英國當時的外相——譯者註）及俄國政府的諸通信，也同是絕妙。『厄赫特（Urquhart）論我國的著作，俄讀的很有趣，但不能服我。爲要達到確定的見解，我將漢撒爾的議會記錄和一八〇七年到一八五〇年的外交藍皮書作了一纖細的研究，這些研究的結果是紐約的講壇報上的許多論文。在這些論文中我證明了帕麥斯頓與俄國政府的關係。……不久以後這些論文被大憲章運動的機關報（伊倫斯特・瓊斯主編）人民報所轉載。……同時，格拉斯戈的衞報也轉載了一篇，以後一部分爲倫敦的推克爾印爲小冊子。』而雪非爾得的外交委員會，很感謝馬克思，因爲他在紐約講壇報及在人民報上所發表的論文，『揭露眞像，對於社會有大貢獻。』

至於紐約講壇報，他在當時是一個編輯得很可稱許的報紙，有許多歐美知名之士担任投稿撰述，牠是一種熱烈反抗奴隸制度的報紙，而且承認須改造社會組織和『人類罪惡』都是『社會的而非政治的』。這個報紙以及馬克思的論文，在英國的下議院裏，特別是約翰・布萊特常稱引他。

讀者或願知道馬克思每篇通信所得報酬，有許多是比此地所集的通信還長些。他每封通信只得到一金磅，眞不算是豐富的報酬。

我們順帶的說，第十九章中所應允的第二十章，沒有發表過，他或者是寫了，但沒有登出來——或因別種材料擁擠的關係。坦挪的信說『我不知道你關於此問題，還準備着了若干通信，在尋常情形之下，我願任其延長。但是我們現在正準備總統選舉競爭，要大大的佔我們的篇幅，……。讓我對你提議，假使可能，縮短這篇通信，祇須再寄下六封（坦挪已收到了十一封。）請勿忘記於結束之前，須將現在在德國工作的和積極的準備將來的各種勢力的情形加以分析』。此種『分析』可在科倫審訊共產黨事件一文中看出。該審訊的確實描寫出在反革命凱旋後的狀況。

馬克思自己沒有在何地方講過他的通信是不完全的。雖然有時說到牠。例如關於科倫審訊共產黨事件中，他提到牠，在一八五三年也說『你們中間的讀者如果讀過我在二年以前替講壇報作的論德國的革命與反革命的通信。假使要

編輯者言

直覺的感到此種情形，最好是一觀哈蓀克乃浮先生所繪的，現在在紐約陳列的一幅圖畫，描寫一八四八年工人們向都塞爾多夫的官廳的請願。著者所能分析的，這一著名的畫家即可用一種生龍活虎的活氣，重寫出來。』（下略）

一八九六年四月

愛儷娜・馬克思

革命與反革命目次

一

革命暴發前之德國

一八五一年九月於倫敦

歐洲大陸革命劇的第一幕已經閉幕了。在一八四八年大風暴以前的『過去的權力者』又成爲『現在的權力者』了。在一個時候，曾多少受人歡迎的統治者，如臨時總督、迪克推多、三頭委員會、以及附在他們後面的尾巴如代議士、民政委員、軍政委員、縣知事、司法官、將軍、官佐、兵士，現在都被驅逐到國外，或者『遣送出洋』，亡命英美，在那裏組織有名無實的(in partibus infidelium)新的政府，歐洲委員會、中央委員會、國民委員會，其發表成立宣言之堂皇，儼然如不虛假的權力者。

歐洲大陸的革命黨——或諸政黨——在戰爭前線處處遭逢失敗，比這更嚴重的失敗，我們是不能想像的。但這算什麽？英國中等階級爲爭社會的及政治的統治，不是經過了四十八年的，法國的，不是經過了四十年的無比的鬥爭麽？他們不是在勝利快達到時，而忽然帝制復辟，反感覺得他自己比從前更加穩固些麽？在往昔的時代，人們總將革命歸咎於少數煽動者的惡意。現在這種迷信時代，是早已過去了。現在凡人都知道凡有革命震動的地方，必有社會的要求爲其背景，這種要求爲陳舊的制度所阻，不能得到滿足。這種要求或一時不爲人民所普遍的和強烈的感覺，足以獲得目前的勝利，但是凡企圖用暴力壓迫他的，祇有使此要求伸張和擴大得快，直到打破那束縛他的鎖鍊之日。假使我們被擊敗了，我們除了再從頭幹起外，更無其他辦法。幸而在這運動的第一幕閉幕，第二幕未開的中間，我們有一個或者很短的休息時間，可以做一點十分必要的工作：研究這次革命勃發和其失敗的原因。這些原因，我們不應當在少數領袖的偶然的努力、個人的才智，或其錯誤過失，或其背叛中尋找；而當研究這受過革命震動的國家的社會和生活狀況。一八四八年的二月和三月所突起的運動，不是少數個人活動的結果，乃是全國民的要求，（每一個國家的各階級，對於這種要求，都已深刻的感覺着，雖然他們對於牠的了解清楚有不齊的程度）勃然自發的，不可遏止，表現而爲示威的行動，這是一般人公認的事實，但是倘如你研究反革命的成功之原因時，你就從各方面聽到一種現成的回答，不是某甲就是某乙背叛了人民。這個回答，依照實際情形判斷，或者是正確，或者是錯誤，但牠完全不能解釋事情，牠不能指出爲什麼人民允許他們被人如此叛賣。而且，假如一個政黨，他的政治資本，只在於認識某甲之不可信賴的孤零的事實，他的遭際又是如何的可憐呢？

況且研究和暴露革命的爆發及其失敗的原因，從歷史的觀點說，有非常重要的意義。一切個人的瑣碎的爭論和攻訐，一切相互矛盾的聲明，如說這是馬拉(Marrast)或萊得魯•羅蘭(Ledru Rollin)或路易布朗(Louis Blanc)，或臨時政府的其他閣員，或臨時政府的全體，這是他們把革命之舟，駕駛到觸礁以至於沈沒的，這些說法，這種攻訐，對於英美讀者有何興趣及教訓呢？英美的讀者從遠處觀察這複雜的運動，只見其包羅萬象，而無暇辨別其動作的詳細情形。而且我們知道，沒有一個知覺清醒的人會相信法國二月革命後，臨時政府的十一位閣員(他們中間的多數，爲善爲惡，均係庸碌之才，)能在三月之內，傾覆三千六百萬人口的國家，除非這三千六百萬的人辨認前途的能力，和這十一個人不相上下。但是這三千六百萬人口如何立刻被召集來決定應該走什麼路，如何他們只是在微光中摸索，迷失路途，以致他們的舊領袖得以一時的恢復其領導地位，這才是眞正的問題。

因此我們如要在講壇報的讀者面前論列一八四八年德國革命爆發的原因，及其何以必然得到一八四八年至一八五〇年暫時失敗的結果，我們不準備敘述該國事變經過之全部的歷史。將來的事變和後代的評斷會决定那一大堆亂雜無章，表面上似乎是偶然的、矛盾的、錯綜的事實中，那一部分當在世界史中占一地位。做這工作的時機尚未到來，我們此時當以可能者為限。假使我們能根據不可否認的事實；找出合理的原因，解釋主要的事變和運動的重要階段，而且使我們能了解下次——或者在不遠將來的下次——德國人民革命爆發所走的方向，假使我們能做到此點，我們卽認為滿意了。

第一，革命爆發前之德國的一般狀況是怎樣呢？

一個國家內部的階級結構，是其政治組織的基礎。德國的此種結構，比別國更為複雜。封建制度之在英國與法國，是早被摧毀了，或者有如英國，封建制度減縮至很不重要的形式，因為英國有强有力的富厚的資產階級，集中於大城市，特別集中於首都。德國的封建貴族，則仍保存着由古代承襲下來的大部分的特權。佃租的封建關係幾盛行於各地，地主有審判其佃戶之權。他們的政治上的優越地位，雖被剝奪，無權監督各邦的王侯，但他們仍保存對其領地農民之中世紀的統治，亦無捐稅的負担。封建制度在某些地方，比其他的地方較爲繁榮些，只有在萊因河的左岸，牠才完全毀滅 。此種封建貴族在當時是極其衆多，一部分也極富厚，一般人都公認他們是國內的頭等的『等級』，他們担任政府的高級官吏，軍隊中的長官也差不多完全是他們充當。

德國的資產階級遠不如英國資產階級的富厚和集中。德國自從採用蒸汽機製造以來，又加以英國工業的勢力迅速的擴充，其舊式製造業都被毀滅了。在拿破崙的大陸系統（註）之下本國某幾處所辦的近代工業，不能補償其所失的舊式製造業，也不能夠造成一種强有力的工業利益，壓迫當地政府對他們的要求注意，因爲這些政府都是嫉視非貴族的財富和權力之擴張的。假使法國因爲五十年的革命與戰爭使其絲製造業大獲勝利，則德國在此同一時期的蔴織業，只有大受損失。加以德國工業的區域稀少，交通阻隔，且遠處內地，大都仰外國的，荷蘭的，或比利時的海口經營其出入口的貿易，因此和北海和波羅的海沿岸的大商港幾無共同的利益。尤其他們不能創造如巴黎、里昂、倫敦、曼徹斯特的工商業的中心，德國工業落後的原因甚多，我們只舉其最重要的兩個。第一，地理位置的不利，大西洋已成爲世界商業的要道，而德國則距大西洋有相當的距離。第二，自十六世紀以至今日，德國不斷的捲入戰爭，這些戰爭都自其國境內舉行。英國中等階級自一六八八年卽已享有政治的統治，法國的資產階級自一七八九年已經奪取政權成功，唯有德國的中等階級，因爲數量上的缺乏，特別是集中的數量的缺乏，不能達到政治統治的目的。但是自一八一五年來，德國資產階級的財富及與財富相伴的政治上的重要，均不斷的增進。政府看見這種情形，雖然不甚願意，但他不得不計及其目前的物質利益。我們可以正確的說，自一八一五年至一八三〇年，和自一八三二年至一八四〇年，各小邦在其憲法上所已許給中等階級的政治影響，在同上的兩個政治反動時期中，又從資產階級的手裏一點一滴的奪去，每奪去一點一滴，卽用一些給資產階級的更實際的利益來交換。因此每個中等階級在政治上的失敗，緊接着就是他在商業立法方面的勝利。自然，在德國的工商業者看來，一八一八年普魯士的保護稅則和新成立的關稅大同盟，比較在小的王國的議會中之可疑的表决權爲貴重得多。他們在議會中表示不信任某閣員，其票數只有令閣員們看着發笑的。

德國資產階級的財富不斷的增進，商業不斷的擴張，他就到了一個階段，感覺着他的最重要的利益的發展，爲其本國的政治組織所阻遏：如像國家任意分裂爲三十六個王侯統治，各具野心和互相爭鬥；封建制度的鎖鍊束縛着農業及與之有關係的商業，糊塗和專擅的官僚階級對於一切交易都苛徵重歛。而同時，關稅同盟的擴張與鞏固，交通上一般的採用蒸汽，國內貿易之競爭發展，使各邦各省的商業階級更爲接近些，他們的利益也一致了，他們的力量也集中了，於是其自然的結果，便是他們的全部都變成了自由主義的反對派　和德國中等階級的第一次的嚴重的爲奪取政權的爭鬥，得到了勝利。這一個變化是從一八四〇年開始，是從普魯士資產階級取得德國資產階級運動的領導開始。我們在以後將再說到一八四〇年至一八四七年的自由主義反對派的運動。

德國人民的大多數既非屬於貴族，亦非資產階級。在城市中，他們是小資產階級和工人，在鄉村中他們是農民。

因爲德國大資本家和工業家的階級發展得緩慢的關係，他的小資產階級便十分衆多。在城市中他差不多佔全人口之大多數，在小城市中因爲沒有富者的競爭和影響，他完全佔着優勢。這一階級在各個近代國家和一切近代革命中都佔最重要的地位，而在德國則更爲重要，在德國最近所發生的鬥爭中，他的態度常左右勝負。他處的地位是在大資本家，商業家和工業家（卽一般所稱爲資產階級）和工業無產階級的中間，這就決定他的性格。他總企望着達到資產階級的地位，但是稍稍橫逆的命運輒把這階級的個人投擲到無產階級的隊伍中去。在帝制與封建制度的國家，小資產階級的生存須仰賴宮廷和貴族的惠顧，若失去這些主顧，他的一大部份就要破產。在小城市中，一個兵營，一個縣衙門，一個法庭及與法庭有關的人，常常是他們興隆的基礎；沒有這些人，商店、裁縫、鞋匠、木匠等人們的生意就要清淡。因此，這一個階級永久是在兩個前途之間搖擺，一面希望躍入富有階級的隊伍，而一面害怕淪於無產者的生活；一面希望參加公共事業之管理，以冀提高其利益，而一面又害怕時機不宜的反對政府，反觸政府之怒而結果了他們的生存，（政府能去掉其最重要的主顧）。他們所有的財產既微，而其財產之不安定，又正與此財產之多寡成反比例。這個階級的見解是十分搖動的。假使封建或帝制的政府是强有力的，他便卑賤低頭，諂媚服從，假使資產階級剛剛得勢，他又轉到自由主義一方面。假使資產階級已經獲得政權，他就瘋狂似的，沉溺於民主主義的幻想，但是當在他下面的一階級，無產者，企圖其獨立運動時，他又陷於垂頭喪氣的狀態，害怕消極。我們在以後會看見德國的這一階級，如何由一階段到另一階段的在那裏輪流轉換。

德國工人階級的政治及社會的發展，比英法爲落後，有如德國資產階級之於英法資產階級。相似的主人，相似的奴僕。一個人數衆多，强大集中，和有智識的無產階級的發展與一個人數衆多，富庶集中和强有力的資產階級之發展是相輔而行的。在資產階級的各派，特別是其進步的一派，即大工業者，未取得政權和依其需要改造國家制度以前，工人階級運動永遠不是獨立的，也不是純粹無產階級性的。只有在那一個時候，僱主與傭工之間的必然衝突，才變爲緊張，再也不能延緩；工人階級再也不爲那幻想式希望和那永不能實踐的諾言所欺騙，於是十九世紀的大問題，無產階級的解放問題，才最明顯而適當的顯露出來。

德國工人階級的羣衆，不是如英國的一樣，受傭於近代的產業大王，而是受傭於小手工業者，其全部生產系統，僅爲中世紀時代之殘餘。正如在棉業大王和鞋匠及裁縫老板之間有極鉅的差異，同樣在新式工業區域的廣大覺醒的工廠工人和一個小城市的害羞的裁縫工人及木匠的中間，也有相當的距離。我們知道這些裁縫和木匠的生活狀況和作工的方法與他們五百年前的祖先是沒有多少差異的。因爲沒有近代的生活狀況和近代的工業生產形式，自然也同樣的缺乏近代思想，所以在革命爆發之初，大部分工人階級尙要求立卽恢復行會，和中世紀的有特權的手工業組合，這是無足怪的。然而在近代生產系統占優勢的工業區域，因爲交通便利，因爲大多數工人由遷徙不定的生活，而得到思想上發展；於是在這些地方，有一種中堅組織的形成，他們關於工人階級解放的思想，是淸楚明瞭：而且更符合於現在的事實狀況和歷史的需要，但是他們只估少數。假如有產階級的積極的活動，我們算他是從一八四〇年開始，則工人階級的運動是由一八四四年的西萊西亞（Silesia）和波希米亞(Bohemia)的工廠工人暴動發端，我們在後面將敘述此運動所經過的許多階段。

最後，我們說到一大羣的農民，小農階級；他和農場勞動者算在一起，佔全國人民的大多數。但這階級內部又分成若干小的階級，第一是較富的農民，即德國人所稱的大農中農；他們是面積不等的廣大農場的所有者，每人都僱傭有幾個農業勞動者。這階級的地位既在那無捐稅負担的大封建地主和那小農僱農的中間，他們顯然是以和城市內反封建的資產階級聯盟為其天然的政治路線。其次，小的自耕農，在萊因區頗占優勢，因為封建制度在那一帶早為法國大革命偉大的力量所摧毀。類似的獨立的小自耕農在別省到處也有，他們是曾用錢贖回他們的土地所應納的封建式的賦稅的。然而這一階級只是在名義上為自耕農，他們的財產已經很多抵押出去，其條件之苛刻，等於說，土地的真正所有者，不是農民而是重利盤剝者。第三，封建的佃農，他們固然不易被驅逐離開其農場，但須永久完租，或須永久力役，卽替業主的農莊，做若干的勞動。最後，農業勞動者，他們在許多大農業公司的狀況，與英國的的僱農階級完全一樣，由生至死，永久的貧困飢寒，爲他們的僱主的奴隸。農民中這三個階級，小自耕農、封建佃農、和農業勞動者，在革命以前，從未問過政治，但是革命這件事使他們睜開了眼睛，看見了新的事業，前途充滿了光明。革命對於他們每個人都有利益，假使這個運動循正當途徑發展，他們每個都可望參加的。但同時我們應當明白，農民因散居於廣大區域，和他們中間得到大多數一致之困難，他們獨立運動的企圖永遠是不能成功的。他們需要城市中更集中的，更有知識和更易於行動的人民的領導和推動。

我們在以上只是簡單的敘述，革命運動爆發時，德國國家最重要各階級的構成，我們想，這已足以解釋，在運動中所發現的很多不連貫、不一致、和表面矛盾的情形。當各派利益如此差異、衝突、和很奇怪的相互錯綜，而被捲入猛烈鬥爭的漩渦；當這些衝突的利益，在各省各縣的配合有不同的比例；特別是，國家無如倫敦和巴黎那樣的重心，其決定一切的重量，可以省去各個小的地方都要重複的進行爭鬥，去解决同樣的爭論；在這種情形之下，這種決勝戰除了化爲一大堆不相連繫的鬥爭，耗費鉅量的流血和能力和資本，仍得不到重要的結果，除此之外，我們還望能得着什麼呢？

德國在政治上分裂爲三十六個大小不齊的王國，也同樣是因爲構成國家的分子複雜和紛亂的關係，這些分子在各個小地方也是大同小異。凡無共同利益的地方即無統一的主張，更說不上行動的統一。自然，德國的大聯邦是被宣稱爲永遠不可分解的；然而大聯邦和其議會永遠沒有代表過德國的統一。德國的中央集權所達到的最高點不過是關稅大同盟的建立，即在這一點，北海一帶的小國自成一關稅同盟，奧地利亦有其自己單獨的保護稅則，德國實際上是分成三個獨立的國家，不過比分裂三十六個小國，較勝一籌，因此認為相當的滿意，同時，俄國沙皇一八一四年以來所建立的統治的優勢，沒有因為這種關係而有所改變的。

我們既從我們的前提中得到這些初步的結論，在下一封信裏，我們將說到上述德國人民的各階級如何一個一個的開始行動，和這個運動，在法國一八四八年革命爆發時，帶着什麼性質。

——載於講壇報的一八五一年十月二十五日

(註)大陸系統（Continental System）——拿破崙欲藉經濟封鎖以鎮伏英國，故發表柏林及密蘭宣言，禁止大陸各國和英國的通商。

二　自由主義反對派之興起

一八五一年九月於倫敦

德國資產階級的政治運動開始於一八四〇年。在此時期之前，有好多徵兆指示出德國的擁有資本的和工業的階級已經成熟到了一種狀態，牠再不能在一個半封建和半官僚的君主專制的壓迫之下、繼續的消極和忍耐了。德國的一些小諸侯，一部分因爲獲得較大的獨立，以反抗奧地利與普魯士對他們的支配以及反抗他們自己國內的貴族，又一部分原因，爲要將那由維也納會議統一在他們治下的不相連繫的省分，團結成一整個的東西，他們於是先後頒布了多少帶自由性質的憲法。這樣做法對於他們自身是沒有危險的；因為假使聯邦會議——這僅是一個奧地利與普魯士的傀儡——侵犯他們主權獨立時，他們知道在抵抗該議會的命令的時候，會得到其本國的議會及輿論的後援，倘若本國議會的勢力太强大時，他們又很容易聯合聯邦議會權力以擊破一切反對派。因此巴維利亞（Bavaria）、烏爾頓堡（Wurtenberg）、巴敦（Baden）、漢諾浮(Hanover）的憲法制度在此等情形之下，不能引起奪取政權的嚴重鬥爭，德國資產階級的大羣人民對於這小國的立法會議內部的小爭端都取漠不關心的態度，他們知道很清楚，假使德國內的兩大强，普魯士與奧地利的政策和憲法沒有根本的變遷，一切次要的努力和勝利都是枉然的。

但是在這同一時期內有一羣自由主義的律師和職業的反對派在這些小邦議會內生長起來了，這些羅特克（Rotteck）、威爾克爾（Welcker）、司徒夫

（Stüve），愛森曼（Eisnmann）等，這些大有名望的人，他們過了二十年的鼓噪的而永遠是勞而無功的反對派的生活，現在被一八四八年的春潮擁到威權的山頂上去了。他們在那裏暴露了其無用與微小以後，又立刻被人打翻下來了。這些德國本地製造的，做政治的和反對派的投機的人的初次樣本，因他們的演說和文字，使德國人耳朶裏聽熟了立憲主義的議論，因他們的存在關係，又不曾預告資產階級會利用這些政治名詞恢復其本來意義的一個時候的到來。但是這些名詞爲鼓噪的律師和教授他們沿用慣了，他們自己都不知道原來所附於這些名詞的涵義。

一八三〇年的事變，陷整個歐洲於不安，德國的文學也受了這種政治激動的影響。當時著作家幾乎個個人都宣傳一種幼稚的立憲主義和更幼稚的共和主義。當時的文壇上漸漸養成一種習慣，特別是次等文人，在著作中要諷刺時政，獲得一般注意，以掩飾其作品之平凡。詩歌、小說、評論、戲曲、每一文壇創作都含一種所謂的『傾向』；換言之，即多少帶着一些反政府精神的羞怯的表現。德國一八三〇年後的思想界，一方面是政治的反對思想的成分，同時與牠混合着的，便有一些半生不熟的德國哲學的大學的囘憶，還有些被誤解的關於法國社會主義的摭拾，特別是關於聖西門主義；可謂使思想的混亂愈爲完成。而這派的著作者他們既集合着這些亂七八糟的思想，反傲然自稱爲『少年德國』，或『現代學派』。他們在以後固然後悔了他們少年時代的過失，但殊未能改善其文字的作風。

最後我們說到德國哲學，那一種最複雜的哲學，但同時是德國思想發展的最精確的寒暑表。自從黑格爾（Hegel）在其法律哲學中宣言君主立憲是最後的和最完備的政府形式時，這等於德國哲學已宣言贊成資產階級了；換言之，黑格爾已宣告本國資產階級取得政權之時期快要到來。但他的學派在他死後並不停止發展。他的信徒的最進步的一部分，一面對各個宗教信仰施以嚴酷的批

自由主義反對派之興起

評，把基督教的古代教條摧毀無餘、同時他們提出更大胆的政治原理爲德國所未之前聞。他們並且企圖恢復紀念法國大革命的英雄們的光榮。這些思想都包含在艱奥的哲學的言辭中，假使他使作者和讀者的心理都感着晦塞，同時他已逃過了檢查員的眼目。於是這些少年黑格爾派的作家享有別種出版界所從來未享過的自由。

由此看來，德國的輿論正醞釀着一大變化。這是很明顯的，因爲各階級的大多數，凡其所受教育或生活狀況，能使他們在君主專制之下得到一些政治消息，和能形成自己的獨立政治意見的，他們都逐漸聯合成一反對現有制度的最有力的强固的同盟。而當我們評判德國政治發展之遲緩時，我們不要忘記德國國內得到正確的消息之困難。一切消息的來源都在政府的監督之下。由中民小學、星期學校、以到新聞紙和大學，凡是言論教材，凡所印刷和出版的，都須預先得到政府的許可。我們試舉維也納說罷，維也納的人民，在工業製造方面的發展，或者可稱爲全德無二；其勇敢精神和革命之表現，也證明是凌駕攀儕。然而在革命期間，他們比別處做了更多的錯誤：和更盲然於其眞正的利益。大部分的原因是梅特涅政府對他們實行文化封鎖的成功，他們對於極普通的政治問題都絕對的沒有知識。

我們用不着解釋在這種制度之下，爲什麼政治消息幾完全爲工商業階級所獨占。只有這些社會階級能付一種代價，讓這些消息偷運到國內，尤其因爲他們的利益最受現存制度的嚴重侵害。所以他們是第一批團結起來，反對繼續那多少隱藏着的專制主義的。從他們變成反對派的隊伍之日起，我們可以認爲德國眞正革命運動之開端。

德國資產階級是從一八四〇年宣告自己爲反對派，即從普魯士老王逝世之時（他是一八一五年創立神聖同盟的人中之一個最後的殘餘者）。大家都認爲新王不是他父親時代的官僚和軍閥佔優勢的帝制的擁護者。法國資產階級曾於

自由主義反對派之興起

路易十六登極時懷有很大希望，德國資產階級亦多少如此希望過普魯士的菲列得力·威廉第四（Frederick William IV）。那時各方面都承認舊的制度陳舊了，要爆炸了，和應犧牲了，從前老王時代緘默相安的東西，現在他們都大聲疾呼的宣言為不可忍受了。

假如路易十六，『渴望的路易』（Louis le Désiré）是一個簡單和沒有野心的庸人，胸無定見，頗感自己的空虛無能，其統治純賴彼在受教育時代所得的習慣；則『渴望的菲列得力威廉』完全是另一派的人物。他雖然比其法國原本的品性軟弱更有過之，但他不是無野心和無定見的。他以門外漢的方法，得粗窺各科學的門徑，因此遂自認為學識淵博，對於各問題的判斷都確切不移。他自信是第一流的演說家，而且柏林的商業旅行家確實沒有一個敵得上他的假裝的機智豐富和雄辯流暢的。特別是他有自己的意見，他憎惡而且蔑視普魯士帝制中之官僚分子，但只是因為他對於封建分子表示充分的同情的原故。他是柏林的政治週刊的一個創辦人和一個編輯，卽所謂歷史學派〔信奉邦那爾（Bonald）、德梅斯脫爾（Demaistre）及法國王朝派初代的其他著作者的思想的一派〕的刊物，他志在盡可能的完全恢復貴族的社會的優越地位。菲列得力威廉第四所願實現和在現時（卽一八五一年——譯者）又要努力實現的最佳理想是這樣的，卽是：國王爲其領域內貴族之第一人，其環繞的第一圈是漂亮的有力的朝臣和親信、諸公、諸侯、諸伯；第二圈是一大羣衆多的和富厚的下級貴族；國王以其意旨統治其忠良的市民和農人，自爲那分成若干社會等級的全部階級制度的首長；同時這王土內的各社會等級的權力和影響，又很精密的互相均衡互相牽制，使國王保有行動的完全獨立之權。

普魯士的資產階級不甚熟諳理論上的問題，經過了一些時候，他才看出國王思想的眞正意向。但他們不久又覺察到事實，知道國王所要作的，正與他們所要求的適得其反。新王的父親逝世，新王的辯給的口舌剛剛得到解放，他卽開始在無數的演說中宣布其意旨。而他的每篇演說和每次行動，都愈使資產階級對他失去同情。他是不顧及這個的，假如不是一些可驚的和殘酷的現實，中斷了他詩的夢想。看呵！浪漫主義如此不諳算盤，自從鄧基和(Don Quixote)以來，封建主義的錢囊是很艱難的。菲列得力威廉第四，繼承紅十字軍後裔的最偉大的德性，素抱輕視金錢之志。但是他即位之時，發現他的政府組織是貧弱的，又需鉅費維持，而國庫又不充實。兩年之內，一切積蓄的剩餘金都費於朝廷宴會，皇室旅行，對貧者的施與，對飢寒、游惰和貪婪的貴族的津貼，尋常的捐稅再也不夠宮廷和政府的急需了。因此國王陛下處於兩難之間，一方面是逼人而來的人不敷出，一方面是一八二十年的法律，任何新的借款或增稅，沒有人民代表機關的同意，均爲非法無效。這個人民代表機關並不存在；新王比他父親更不願意召集；假如他在從前曾想創造這樣一個代議的機關的，以後他知道自他即位以來輿論已經可驚的改變態度了。

中等階級在最初有點盼望，新王會頒布憲法，宣布出版自由，和陪審裁判等等，總之，他們希望他領導他們所需要以取得政權的那種和平的革命。資產階級後來知道是他們錯了，於是轉變爲猛烈的攻擊國王。在萊因省，和多多少少的在普魯士各地，他們均憤激異常。他們因爲自己缺之新聞人才，乃進行與我們以上所說的極端哲學派的聯盟。這個同盟的結果便是科倫（Colgne）的萊因新聞。這個報紙支持了十五個月就被封閉了。但是德國之有近代的新聞紙事業，以萊因新聞（註）爲濫觴，這是在一八四二年。

（註）萊因新聞——這個報紙出版於科倫，是自由主義領袖漢忠曼（Hansemann）、坎蒲好生（Camphausen）的機關報。馬克思關於邦議會問題曾投稿數篇，大引起一時注意，於是被聘爲該報主筆，時值年二十四歲。他接受了這個聘請，即開始和普魯士政府作長久的鬥爭。自然這報紙是在檢查員的監視之下出版，但老實的檢查員常爲這個少年的暴徒所欺，因此政府從柏林特派第二檢查員，但是兩重檢查的結果仍證明不能勝任，一八四三年，這個報即被封禁了。

可憐的國王，他的財政的困難是其中世紀癖性的最辛辣的嘲笑。他很知道為了繼續他的統治，不能不對『人民代議制』的民衆的呼聲作小小的讓步，人民代議制是一八一三年和一八一五年的對人民的許諾，這個許諾，雖然早被人忘記，但是一八二〇年的法律已將他明文規定。他認為滿足這個不幸的法律的最不討厭的方法是召集省議會的常務委員會的聯席會議。省議會是在一八二三年成立的，普魯士王國的八省，每省的省議會的組織是：（一）高級貴族，從前的德國帝國的皇族，其每家家長以門第的關係，為省議會之當然議員；（二）騎士或下層貴族之代表；（三）城市代表；（四）農民（即小農階級）的代表。他們將省議會組織得如此，務使每省的兩級的貴族永遠佔議會之多數。八省中每省的議會選舉一常委，這八個常委現在被召集到柏林以組成一代表會議，為投票通過渴望的公債的目的。國王聲明說國庫是充實的，辦公債的目的，不是為了臨時的急需，不過為了修築一條國有的鐵路。但是常務委員會的聯席會議給了國王一個乾脆的拒絕，宣告他們自己無權代表人民，要求國王陛下實踐其父親在反抗拿破崙時代要求人民援助的時候所給與人民的諾言。

各省委員會的聯席會議，證明反對派的精神不僅限於資產階級。一部分的農民也參加在他們中間，而且許多貴族，因爲他們是自己的地產的大農和他們做糧食、羊毛、酒、蔴的生意的關係，也要求同樣的保證，反對專制主義，反對官僚，反對封建制度的復辟，也同樣的宣言反對政府，贊成代議制度。國王的計畫於是大遭挫折，他沒有得到款子，反增加了反對黨的聲勢。各省省議會在以後的開會對於國王更爲不幸。他們都要求改良，要求實踐一八一三年一八一五年的諾言，要求憲法，要求出版的自由；有些關於這些要求的決議措辭太不尊敬，憤激的國王的不機警的答覆，更增加形勢的惡化。

在此時期，政府的財政困難日甚一日。有一個時候，他們靠挪用別種公共事業的款項，靠和『海外貿易所』行詐欺的交易以維持表面的現狀（海外貿易所是一個投機事業的商業機關，賴犧牲國家以自肥，而且好久就做國家的捐客）；增發國家的紙幣算是一個財源，這個秘密總算守得很嚴密的。但是這些計謀不久就用窮了。於是擬試行另一種計劃，開辦一個銀行，一半國家資本，一半私人資本，經理之責屬國家，由此政府可從銀行提用鉅額款項，可以重複以前對海外交易所那樣的欺詐的行為。但是誰也知道，沒有資本家願意在這種條件下投資任股的，銀行的章程須得改變，須能担保股東的財產不受國庫的侵犯，資本家才可購買股份。因此，這樣的計劃失敗了，政府祇有試募公債，試試有否資本家無須那樣神秘的『人民代議機關』的允許和担保，即肯借出他們的錢。他們要羅次其德（Rothchild）應募，但他宣言說，假如公債為人民代議機關所担保，他可以立即認款，否則他便完全不管。

由此看來，找錢的希望都斷絕了，再也難逃刼運的是『人民代議機關』。羅次其德的拒絕是在一八四六年秋季知道的，次年的二月，國王召集八省的省議會於柏林，組織成一『聯合會議』。如遇必要，這個議會卽執行一八二〇年法令所賦與的任務，表决募債和增稅，但除此之外，他就沒有別的權力。關於一般的立法，他祇有發言建議權，他的開會沒有定期，一任國王喜怒的決定。除了政府愛讓討論什麼外，他再不能討論別的東西。自然，議會的議員非常不滿分給他們的這樣的任務。他們重複聲明他們在省議會聚議時宣言之志願。政府與議員間的關係險惡了，當政府向議會提出公債，又聲明爲修築鐵路之用時，議會又拒絕批准。

這次的表决，就結束了議會的集會。國王日漸震怒，爲懲誡計，命令解散議會，但他依然沒有金錢。他對其所處的地位抱十分的不安；因爲資產階所領導的『自由主義同盟』，包含有大部分的下層貴族，和下層等級中的各部分不滿的人。這個『自由主義同盟』決心要達到所要求的目的。國王在致議會的開會辭中宣言他決定永不，永不頒布現代的憲法，『自由主義同盟』則堅持必須頒布這樣一種現代的、反封建的、代議制的憲法，及其一切的後果——出版自由，陪審裁判等等之在他們未得到這些東西以前，不給一文給政府。當時祇有一件事是很明顯的，就是這樣的情形不能長久繼續下去，或者兩造的一方，必得讓步，或者雙方破裂，結果就是一個流血的戰爭開始，而許多中等階級知道他們是在革命之前夕，他們也向着革命進行準備。他們用盡可能的方法去奪得城市裏的工人和農業區裏的農民的援助，大家都知道在一八四七年之末沒有一個資產階級裏的政治要人不是宣佈他是社會主義者以獲得無產階級的同情的。我們在後面要看到這些『社會主義者』如何的工作。

領導的資產階級，所以急需至少在表面上贊成社會主義，是因爲德國工人階級裏已起了一很大的變化。自一八四〇年以來，一部份德國的工人常往來於法國、瑞士，都爲一種在法國工人中間流行的幼稚的社會主義或共產主義的觀念所感染。自一八四〇年來，法國對於此思想的注意日漸增加，於是社會主義和共產主義在德國也變成時髦。遠在一八四三年時，德國報紙都充滿了社會問題的討論。社會主義的一學派很快的就在德國形成，他的特色不在其思想的新穎而在思想的晦澀；他的主要工作就在翻譯傅立葉（Fourier）、聖西門（Saint Simon）派和別的學派的著作成德國哲學的艱奧言辭。德國的共產主義派則全然與這種社會主義的教派不同，他也是在同時成立的。

在一八四四年發生的西勒西亞職工的騷亂，接着就是蒲拉格（Prague）的染花布工人的暴動。這些騷亂都被慘酷的壓平，這些工人的騷亂不是反對政府而是反對他們的僱主，這件事實在社會上引起很深刻的注意，給了工人中間社會主義和共產主義宣傳以新刺激。一八四七年荒年的麵包騷動也是如此，總而言之，正是立憲的反對派將大多數有產階級（除去大的封建地主）團結在其旗幟之週圍，同樣，大城市的工人也望着社會主義與共產主義爲解放他們的教義，雖然在當時出版法的情形之下，他們知道共產主義社會主義等思想是很少的。

自由主義反對派之興起

我們不能盼望他們對於他們所要求的有明晰的觀念，他們祇覺得立憲主義的資產階級的政綱裏沒有他們的要求在內，他們的需要不能包含在立憲主義的思想的範圍裏。當時德國沒有獨立的共和黨存在。人民或者是君主立憲派，或者是明瞭的程度不齊的社會主義者或共產主義者。

假如有了這些因素，則稍一輕微的衝突，即會爆發爲一大革命。高級的貴族和軍民長官是現在制度的唯一可靠的擁護者；下級貴族、商業中等階級、大學、各級的學校教員、甚至於下層官僚和下級軍官，都在反政府的一條戰線；立在這些後面的就有不滿的農民，大城市的無產階級羣衆。他們雖然在暫時贊助自由主義的反對派，但已低聲喃喃的說出把事情拿在自己手裏來的奇特的話來。當資產階級則正準備推翻政府時，無產階級則正準備着接着就推翻資產階級。政府則頑强的進行一種路線，促成衝突的爆發。德國在一八四八年之初，是在革命的前夕，縱然沒有二月法國革命來促進他，他也是快來的。

至巴黎的革命影響於德國的爲何如，我們將在下一次通信裏敘及。

——載於紐約講壇報之一八五一年十月二十八日

(註一) 邦拿爾(Vicomte de Louis G. A. Bonald)(1753—1845)是擁護蒲爾朋王朝的「正統派」的代表，他在一七九一年大革命時代，和別的亡命貴族，一同逃到德國，在一八一四年王政復古之後(路易十八即位)，便加入最反動的政府去了。——譯者

(註二) 德梅斯脫爾(Comte de Joseph M. de Maistre)(1754—1821)是固執宗教政治的學者，頗爲當時所推崇。又曾爲外交官長駐彼得堡，迨王政復古之後纔返故國。——譯者

三

宗教的反對派——關於德國統一的思想

一八五一九月於倫敦

我們上一次的通信，專限於敘述一八四〇年至一八四八年德國運動中佔最重要地位的國家——普魯士。現在我們應當一觀同時期內德國內的別幾個國家。

那一些小國，自從一八三〇年的革命運動後，即完全在聯邦議會的獨裁之下，換言之，即在奧地利與普魯士獨裁之下。有幾國的憲法，其頒布的本意是爲抵抗大國的命令，是爲這些國家內的諸侯博取人民的歡心，是爲統一由維也納會議所組織的各省的成分複雜的省議會。這些憲法沒有一點主要的原則。這些憲法是欺騙的，但是縱然如此，在一八三〇年和一八三一年人心浮動的時候，他們對於這些小國王侯也是有些危險。這些憲法都被毀壞了，任其存留的一部分比一個影子還不如。只有如威爾克爾、羅特克、達爾曼等人誇大的自滿，才相信他們在這些小國的無力的議會所能表現的無足輕重的反對（並且還混合着一些卑賤的諂媚），可以得到一些結果。

這些小國中等階級的較爲强有力的部分，曾希望這些奧地利與普魯士的屬國向議會政府中方向發展。可是在一八四〇年後，他們很快的就放棄這種希望了。所以普魯士的資產階級以及和他們聯盟的其他階級，剛下嚴厲的決心，力爭普魯士的議會政府之實現的時候，他們就被擁戴爲全德國（除掉奧地利）的立憲運動的領袖。這是一件現在無人爭辯的事實：早在一八四八年以前，德國中部的那些立憲主義者中堅分子，（他們在退出法蘭克佛特的國民會議以後，開會於哥達（Gotta），因此被人稱爲哥達黨）就想出一種計畫，以後稍加變更，卽在一八四九年全德國代表之前提出來。他們想從德國聯邦裏將奧地利驅逐出去，建立一個新的聯邦，將小的國家倂入大的國家中，重定一新的根本大法，召集聯邦的國會。一切這些都是從普魯士成爲君主立憲時，從他宣告出版自由和採取對俄奧獨立的外交政策時，才見之實行，俾諸小都的立憲主義者能眞正制控其各國的政府。發明這計畫的人，就是巴頓（Baden）的海得爾堡（Heidelberg）地方的吉爾文納斯（Gervinus）敎授。由此，他們準備著將普魯士資產階級的解放，成爲一般的德國中等階級解放的信號，成爲德國和普魯士的中等階級聯合起來，對於俄奧，訂立攻守同盟的信號，因爲奧地利是被認爲一個完全野蠻的國家，他的情形很少爲人知道，甚至所知的那小部分也不是恭維奧地利的，因此，人都不算奧地利爲德國的一重要部分。

至於各小國的其他社會各階級，他們都或速或徐的跟着在普魯士的他們的相同階級的後面。小資產階級對於其各國政府的不滿，日漸增高，因為捐稅增加，因為取消了他們的假的政治的特權，他們向來在與普魯士和奧地利的『專制主義的奴隸』比較時，常以此等的特權自驕的。然而他們的反對派的主張沒有可以與上層資產階級的立憲主義特異的地方，可以稱為獨立的政黨的。農民中的不滿也同樣的增高，但是大家都知道這一羣人民在安靜的時代，除了在普通選舉實行的國家，從來不會主張其利益，以獨立的階級的地位行動。城市工商業中的工人階級開始中了共產主義和社會主義宣傳的『毒』，但是因為在普魯士以外，重要的城市很少，尤少工業區域，又因為缺乏行動和宣傳的中心，這一階級的運動進行得甚為緩慢。

普魯士和各小邦的政治反對派之表露，既然困難，於是一種宗教的反對派成為『德國天主教』和『自由組合教會』運動：平行的發生。歷史給我們許多

宗教的反對派

的例子，凡已定某宗教爲國教的國家，政治討論又受束縛，於是反對塵俗世界的權力的褻瀆尊嚴的和危險的反對派，都隱藏在較爲神聖的表面無私的反對宗教專制的鬥爭裏面。許多政府不許人民討論其行動，但遇着這些宗教的反對派時，都很躊躇的不願犧牲這些教徒作殉道者，致激動民衆的宗教的狂熱。德國自一八四五年來，各邦都把羅馬天主教，或新教，或兩種同時，認爲統治本國的法律的一構成部分。在各邦的兩教的教士，亦爲政府官僚機關之重要部分。假使你攻擊新教或天主教的正統，攻擊教士，當時就等於暗中攻擊政府本身。至於『德國天主教』的教徒呢，則他們的存在就是等於攻擊德國的天主教的政府，特別是攻擊奧地利和巴維利亞政府；那些政府也認他們的存在是如此的意義。『自由組合教會』派是新教中之立異者，有似英美之『一神論的教徒』，他們公開的宣言反對普魯士國王及其寵臣——教育兼宗教部長愛克和恩(Eckhorn)的教士的和嚴格的正教的傾向。這兩個教派，第一個在天主教的國家內，第二個在新教的國家內，一時頗爲盛行，他們中間除來源各異以外，幷沒有別的不同；至關於教義方面他們在最重要的一點上是完全一致的，就是說，一切武斷的教條都是沒有價值的。這樣的缺乏確定的主張，是他們精神之所寄，他們想建造那一所大宮殿，在其屋頂之下，全德國人民可以聯合。由此看來，他們在一種宗教的形式裏，代表當時的一種政治思想，就是德國的統一思想，然而他們自己中間就永遠不能一致和統一。

以上所述的兩教派想要實現德國統一的思想，至少在宗教的立場上，他們發明了一個爲一切德意志志人的共同的宗教，這宗教是特別依照德意志人的風俗習慣製造的。這種德國統一的思想宣傳的極爲普通，特別是在各小邦。自從拿破崙解散了德國帝國以後，要求將德國分解了的肢體聯合起來的呼聲，是一種對現狀不滿的最普通的表現，特別是在諸小邦，因爲在那些地方，維持宮庭，軍隊和行政機關的費用浩大，換言之，即捐稅的壓迫的重量與其國家的狹小與貧弱成正比例，但是在實行的時候，德國的統一當是怎樣，這是一切政黨都不能一致的。資產階級不顧見很利害的革命的震動，假如全德意志除掉奧地利而統一起來，在普魯士的立憲政府的主宰之下，他們卽認爲滿足，他們也認此是『實際可行』的辦法。當然，在那時候，如果不呼喚起危險的革命風暴，也不會比這有更大的成功。小資產階級和農民——只要農民出來過問這樣的事情的時候——從來對於他們所大聲鼓噪要求的德國的統一，沒有下過一次定義；少數的夢想家，他們大半是封建主義的反對派，希望重建德意志帝國；一些無識的自稱的急進主義者，羨慕瑞典的政制，而且沒有經過那以後試驗的最滑稽的實際經驗的教訓使他們完全失望，所以他們當時宣言要求聯邦的共和國；只有最極端的政黨，當時敢於提出要求一個單一的不可分的德意志共和國的主張。由此看來，德國統一問題的本身就是一個大問號，充滿了不統一，和意見的分歧，甚至於在某幾種情形之下，有醞釀成國內戰爭的危險。

我們現在作結論：這是一八四七年底的普魯士和德國的各小邦情形。中等階級，自己感覺其力量，決心不再忍受一個封建官僚的專制主義束縛在他們的商業交易，工業生產活動上面的鎖鍊，和對於他們階級的共同行動的壓迫；一部分地主的貴族，現在變成了單爲出售之用的商品的生產者，因此和中等階級有共同的利益和能共同行動；小商人階級，對於捐稅，對於橫在他們的營業的前面阻碍，表示不滿和嗟怨，但是沒有一定的改良計畫，俾能在社會及國家組織中保障其地位；農民，這裏受壓迫於封建的苛徵，那裏受壓迫於借貸者、重利盤剝者和律師；城市的工人爲普遍的不滿所感染，同樣的仇視政府和大的工業資本家，而且中了社會主義和共產主義的思想的宣傳；總而言之，一羣混合糅雜的反對派，從各種不同的利益出發，多少受資產階級的領導，而在資產階級隊伍的最前線走着的，則是普魯士的資產階級，特別是萊因省的資產階級。另一方面，各邦的政府在許多問題上不能一致，且互不信任，特別是不信任普魯士的政府，而又須仰普魯士政府之保護，在普魯士，則是一個爲輿論所共棄的政府，甚至亦爲一部分貴族所共棄，他倚賴在軍隊和官僚階級上面，而軍隊和官僚階級又天天爲思想所傳染，受反對派的資產階級的影響。而且這一個政府除了這一切之外，眞正是一文俱無，不能得到一分錢去塡補那日漸增加的虧空，而又任意的屈服於反對派的資產階級之前。我們試問，任何國家的中等階級在其爲政權而鬥爭，反對現政府時，有過如此的最良好的形勢嗎？

——載於一八五一年十一月六日講壇報

四

奧地利的狀況

一八五一年九月於倫敦

我們現在須研究奧地利，在一八四八年三月之前，她爲外國人所不了解，恰和中英鴉片戰爭以前的中國爲外國人所不了解差不多是一樣。

當然，我們此地所研究的祇是德國的奧地利。波蘭的、匈牙利的、意大利的奧地利人的事情，不屬本題的範圍，假如他們在一八四八年後影響了德國的奧地利人的命運，我們將在後面另外的敘述。

梅特湼親王政府的政策，環繞着兩個方針：第一，使許多服從奧地利統治的民族之中的各個民族受那些處於相似境遇的其他民族的牽制，而不敢反抗。第二，——這也是一切君主專制的根本原則——寄託在封建地主和股票所有者的資本家的兩個階級的擁護之上；而同時使這兩個階級的勢力和影響互相均衡，由此政府可獲有充分的行動的獨立。地主貴族的全部進款是依賴各種封建的收入，他不能不擁護一個可以保護他們鎭壓那被踐踏的農奴的政府，因爲他們是靠掠奪這些農奴生存的。所以當地主貴族之不甚富足的一部分〔如在加里西亞(Galicia)〕起來反抗政府的時候，梅特湼即刻就縱使這些農奴對那些地主貴族——他們的更直接的壓迫者——利用這個時機，做了一個猛烈的報仇。

另一方面，交易所的大資本家，因爲對於國家公債做了鉅額的投資的關係，他們宛如受縛於梅特湼的政府一樣。奧地利自從一八一五年恢復其全部實力；自一八二〇年又恢復了和維持了意大利的君主專制；因爲一八一〇年的破產又減輕了負債的一部分；所以在維也納的和約之後，很迅速的在歐州大國的金融市場裏恢復了其信用；但是當他的信用越發提高，同時，同比例的，牠也毀損得越快。歐洲的財政資本家，已借了極鉅的資本給奧地利；他們都利於維持該國的信用；因爲要維持奧地利的信用，常需要新的借欵，他們不得不常借給新欵以撐持那些做他們已貸借的欵項的担保品的信用。自一八一五年以後的長期和平，和表面上看來有一千年歷史的老大帝國如奧地利之倒壞是不可能的這種觀念，使梅特涅政府的信用，以可驚異的比例增加；使他可以不依賴維也納的銀行家和奸商。因爲梅特涅如果在法蘭克佛特和亞姆斯特丹能得到大宗金錢，他自然很滿意的看着奧地利的資本家受他的支配。此外，他們在別的各方面也須仰他的鼻息；這些銀行家、交易所資本家、和代政府承辦材料的商人，永遠想從一個君主專制的政府，獲得極大的利潤，但政府因此對於他們的生命和財產亦幾乎有無限的權力。所以我們不能希望從這部分人中出現半個影子的反對派。所以，梅特涅也深信他可以得到帝國的最有權力和最有影響的兩個階級的擁讓；此外，他還有軍隊和官僚機關，供專制制度的使用，他們是完善不過的。奧地利政府的文武官吏是一種特別的人物；他們的祖和父旣服役於皇帝，他們的子孫亦應如此。他們不屬於在雙頭鷹的翼下（按卽像徵皇帝的統治—譯者）複雜民族之任何民族，他們常常由帝國一隅到彼隅的移動，由波蘭到意大利，由德意志到外西爾凡尼亞（Transylvania）；無論是匈牙利人、波蘭人、日爾曼人、羅馬尼亞人、意大利人、克魯特人（Croat），凡其身上無『帝王之族』的標識，凡屬於別民族的，一概遭他們的輕視；他們自己是沒有民族的，或者確切些，祇有他們才是眞正的奧地利的國民。這樣一個文武官吏的特殊階級，在一個聰明和有能力的領導之手，很顯然的，是一個强有力和能運用自如的工具。

至於人民中之其他各階級的擁護，在梅特涅以一個舊政治時代的眞正政治家的精神看來，殊無注意之價值。他對於他們有一個政策：用稅收的形式，盡可能的從他們搾取得多些，同時，使他們俯首帖耳。工商業的中等階級在奧地利的生長是很緩慢的。多瑙河（Danube）流域的商業是比較的不重要；奧地利祇有一個商港特里斯特(Trieste)而該港的商業又是很小的。至於工業家，他們享有很大的保護，在許多地方，等於完全杜絕了一切外貨的競爭；但是給他們這個利益的原因是在增高他們的納稅的能力，而且國內對工商業之重重限制，行會的特權，以及其他的封建的同業組合，只要不妨碍政府的主張和行動，都謹愼的保存着，這些東西的存在，使給與工業家的利益變成爲零。小手工業者是被關在這些中世紀的行會的狹籠之內，各業行會彼此爲爭特權而陷於永久的戰爭，同時叫這些不自然的組合之內的會員繼續祖業永久的不能移動到別地方去，因而使工人階級的分子沒有提高其社會地位的可能。最後，農民與工人的狀況，則一般人視他們爲被抽稅的材料，對他們注意的，祇是如何盡量保存着他們過去的生活狀況，和在他們以前的乃祖乃父的生活狀況。爲了這個目的，每個陳舊的、固定的、傳統的特權，都如國家的威權一樣的維持着；地主對於小佃農的威權，資本家對於工人的，小手工業者對於其僱工和學徒的，父對其子的，在各處都爲政府所嚴密的維持着，凡有不服從的，有如觸犯了法律一樣的被處罰，被那奧地利司法的最普通的工具——棍棒——所處罰。

最後，爲要使一切人工創造的表面安定的企圖，成爲一無所不包的系統起見，他們對於國民所給與的智識的糧食是極細心的注意選擇，而且是非常慳嗇的分給人民。各處的敎育都是在天主敎的敎士之手，他們的頭目都是如封建的大地主一樣，深深的有利於保守現狀。大學的組織也是祇許造成一種專門人材，他們最多只能在專門智識上得到大的進步，但無論如何，這種大學是不給別個大學所應給的普通的自由敎育的。除了在匈牙利外，在奧地利絕對沒有報紙，而匈牙利的報紙在帝國的別處是被禁止的。至於一般的書籍，他的範圍在整個的一世紀之內沒有擴充，在約瑟夫二世死後，他的範圍反變狹隘。而且凡

奧地利的狀況

奧地利與文明的國家交界的國境一帶，安放着書籍檢查員的哨兵線，和稅關吏的哨兵線相連，在外國書籍及報紙未入國境以前，其內容要經過兩次三番的純熟的篩驗，要知道他是最純潔的，不會傳染一點時代的惡精神。

在一八一五年以後的三十年，這種制度的實行，得到可驚異的成功。歐洲幾乎完全不知道奧地利，奧地利也很少知道歐洲。人民的各階級的社會狀況和人民全體，好像經過的變化很小很小。無論在階級與階級間如何的仇怨——這種的仇怨的存在是梅特涅政治的一個主要條件，而且梅特涅有意的挑撥仇怨，利用較高的階級做一切政府苛徵的工具，使人民只怨恨他們——無論人民對於下級官吏是如何的恨惡，一般的說來；人民對於中央政府，祇有很少的或者沒有不滿。大家都崇拜皇帝，法蘭西士一世老王（Francis I）似乎是體察了許多事實，所以當他懷疑到這種制度是否堅固時，曾自慰的說道：「當我和梅特涅活着的時候，這種制度是可以維持下去的。」

但是有一種緩慢的地下的運動傾覆了梅特湼的一切努力。工商業的中等階級的財富和影響漸漸增大。在奥地利如同在其他各處一樣，採用蒸氣機和機器製造的工業，推翻了社會全體各階級的舊關係，而且破壞了許多人的生活方法。新的工商業人民處處長與舊的封建制度發生衝突。中等階級因為商業關係不得不旅行於國外，回來介紹一些在帝國關稅線以外的關於文明國家的神秘的知識；最後，鐵路的修築加速了工業和知識的進步，而且在奥地利的國家建築中有一危險的部分存在，即是何牙利有了封建憲法，有了國會和其議事記錄，而且何牙利的貧乏和反對派的貴族羣衆常有許多反對政府和其同盟者的大富豪的鬥爭。蒲列士堡（Presberg）正是這樣的議會之所在地，牠正坐落在維也納的大門之前。

一切這些因素都幫助着在城市的中等階級中間造成一種精神，不是眞正的反對派的精神（因為當時還沒有反對派的可能），而是不滿的精神：一種要求改良的一般的願望，但比較是行政方面，而不是立憲方面的。官僚階級的一部分如同在普魯士的一樣，加入資產階級。在這樣世襲的官僚階級中間，還未忘約瑟夫二世的遺法；比較受過高等教育的政府職員，有時想像着許多可能的改良，常願歡迎約瑟夫二世那樣的進步的和開明的專制，而不願受梅特湼家長式的專制。一部分貧苦的貴族也同樣贊成中等階級。至那些下層階級的人民，他們平時有許多地方對上官不滿，雖然非對政府不滿，他們大都不得不贊成資產階級改良的希望。

大概是從一八四三年或一八四四年起，一種特種的出版界，歡迎這樣的變化的，在德國成立。少數奧地利的著作家、小說家、文藝批評家、壞的詩人、他們的才具都是庸碌，但秉着爲猶太人所獨有的那種勤奮，他們在奧地利以外的德國的勒不士格（Leipsic）和別的城市，爲梅特湼的權力所不及的地方，出版了許多論奧地利事情的書籍和小冊子。他們和他們的書局的生意由此大爲興盛。整個德國都渴望了解這個『歐洲的中國』的政策的秘密。而奧地利本國的人從波希米亞國境整批的偷運中得到這些出版物的，更激動了他們的好奇心。自然，在這些出版物中所洩漏的沒有很重要的秘密，他們的老實的著作者所提出的改良的計畫帶着幼稚天真的標識，無異政治上的處女性。他們認爲憲法和出版自由在奧地利是得不到的東西，行政的改革，擴大省議會的權限，允許輸入國外書籍和報紙，嚴厲檢查的制度之緩和——這是這些老實的奧地利人的忠心和低微的要求。

無論如何，阻止奧地利與其餘德國，和經過德國與其餘的世界文化的流通，逐日的變爲不可能。這件事大有助於反政府輿論之形成，而且至少可供給些少的政治消息於奧地利的一部分人民。因此，在一八四七年年底，奧大利也被傳染了當時在德國盛行的一種政治的和政治宗教的煽動（雖然比德國薄弱些）；假使牠在奧地利的進步是較爲沈寂，然而牠是找得着很多的革命分子，進行工作的。第一是農民、農奴、封建佃農，他們受地主和政府的重徵的壓迫，被碾在灰塵裏；其次，工廠工人，爲警察的鞭子所强迫，在資本家所給的任何條件之下做工；其次，僱工，爲同業組合的法律所阻，沒有機會在他的職業上獲得獨立；其次，商人，在他的生意中每步都碰着取締規則；其次，工業家，不斷的和行會衝突，妒忌他們的特權，或者和貪婪及多事的官吏衝突，其次，是學校教師、學者、受高等教育的職員，他們和無識的專擅的教士或者和愚蠢的、命令的上司爭鬥，都是枉然。總而言之，沒有一個階級滿意的，雖然政府有時被迫不得不做小的讓步，都不是犧牲自己（因爲國庫不能允許如此做），乃是犧牲的高級貴族和教士；至於大銀行家、執有公債券人，他們看見了意大利的最近事變，看見匈牙利議會的反對派日漸激烈，他們看見那種異常不滿的精神和要求改良的呼聲，在帝國各處表現，他們看見了這些，自然對於奧地利帝國的信用和其鞏固與否問題，不會增加信仰。

由此看來，奧地利是緩慢而堅定的正向着一偉大的變化前進，而忽然之間，一件事變在法國發生，立刻就引起了驚人的風暴，批駁了法蘭西士老王的意見，說他和梅特湼生存的時代，這種制度是可以維持下去的。

——載於一八五一年十一月七日的講壇報

五

維也納的三月革命

一八五一年十月於倫敦

一八四八年二月二十四日路易菲力伯（Louis Philippe）被逐出巴黎，法國共和國就宣告成立了。接着，在三月十三日，維也納的人民，擊破了梅特涅親王的權力，使他很可恥的逃遁出國。三月十八日柏林的人民武裝暴動起來，經過了十八小時的頑强的鬥爭之後，很滿意的看着國王屈伏在他們的手裏。同時的、劇烈不等的，但都是得到同樣勝利的暴動，在德國各小邦的首都發生。德國的人民，假使他們沒有完成第一次的革命，至少是走上了一個眞正革命的途程。

關於這些暴動的零碎事件，我們不能在此詳論；我們所需要的，只是解釋這些暴動的性質和各階級人民對他所持的態度。

我們可以說維也納的革命是爲幾乎全體一致的人民所幹成的。資產階級（除去銀行家和交易所的資本家）、小資產階級、工人，都萬衆一心的起來反對那爲人所共棄的、普遍的爲人所恨惡的政府。極少數的貴族和銀行家，從前擁護政府的，現在第一次進攻時，都自己隱藏起來了。梅特涅使中等階級陷於如此的政治的愚昧，他們完全不能理解巴黎傳來的關於『無政府』、『社會主義』、和『恐怖』在那裏的統治，以及引滿待發的資產階級與工人階級中間的鬥爭的一些消息。他們還在政治的幼稚時代，或者不能了解這些新聞的意義，或者以爲這是梅特涅的惡意的造謠，恐嚇他們使他們服從的。而且他們從來沒有看見過工人自己組成一個階級的行動、以及工人起來擁護自己的清楚的階級的利益。由他們過去的經驗，他們不能了解，在現在如此熱烈的聯合起來推翻一個共惡的政府的各階級中間有可以發生分歧的可能，他們看見工人羣衆和他們一切問題上都是一致：要求憲法、陪審制、出版自由等等。因此他們至少在一八四八年的三月，都是竭忠盡智的擁護這一個運動，另一方面，這一運動也擁護他們（至少，在理論上）成爲國家的統治階級。

但是，這是一切革命運動的命運，卽這樣的各階級的聯合，無論何時，都成爲一切革命的必要條件的，這樣的各階級的聯合，不能夠支持長久。當對於共同的敵人的勝利還未完全達到時，這些勝利者的內部就分裂成數個陣營，轉換他們的武器互相攻擊。正是這樣疾速的、熱烈的階級對抗的發展，在陳舊和複雜的社會有機體中，使革命成爲社會和政治進步的原動力；正是這樣不斷的加快的新黨派的產出和彼此成繼着執掌政權，使一個國家在這些猛烈的變亂時候，在五年之內飛躍的道程比在平常情形之下的一世紀所走的路還多。

維也納的革命，使中等階級成爲理論上的支配階級，這卽是說，從政府奪來的一些讓步，假如實際履行和一時遵守，必然會獲得中等階級的統治。但是實際上距該階級的統治還離得遠。固然，國民衞軍的成立，給了有產者和小商人以武裝，該階級同時得到實力和重要；固然由於組織『公安委員會』——這是一種革命的、無責任的政府，爲有產者佔優勢——使該階級握得政權。但是同時，工人階級也一部分的有了武裝；有爭鬥的地方，都是他們和學生肩負着戰鬥之責；學生約有四千之衆，有很好的武裝，遠過於國民衞軍之訓練紀律，他們是革命武力的中堅和眞正的實力，他們完全不願僅僅做公安委員會的一個工具來行動。雖然他們承認公安委員會，甚至是牠的極熱烈的擁護者；但是他們仍然是一種獨立，或者說，不穩的團體，在演劇廳中召集自己的會議，在資產階級與工人階級中間占一種中間的地位，靠他們的經常的煽動，阻止了事情恢復到舊日的安靜平穩狀態，而且時常强迫着公安委員會執行他們的決議。另一方面，工人們差不多完全失業，不得不依賴國家，受僱於國家的公共事業，這些欵項須從拿稅人的荷包或維也納的市庫中拿出。這一切只有使維也納的小資產階級很不愉快的。城市裏的製造業者，爲整個國家的富者和貴族宮庭之消費而生產的，自然因爲革命，因爲貴族和宮庭的逃遁，都停業了。商業也處於停滯狀態，而且那種爲工人和學生所支持的不斷的煽動與激昂，當然不是所說的『恢復信用』的好方法。所以一邊是中等階級另一邊是不穩的學生與工人，在他們中間，很快的發生了一種冷淡；假使這種冷淡，沒有成熟爲公開的衝突，那便是因爲內閣，特別是朝廷，想急於恢復舊的秩序的關係。即在中等階級亦害怕看見梅特湼怪物的專制主義之復活，於是更革命的諸黨派的疑惑和不穩的活動，便有存在的理由。所以在五月十五日，又在十六日，或因政府企圖進攻、或因政府想奪去新得的自由，在維也納便發生各階級的新的反抗暴動，在每一個時機國民衛軍（卽武裝的中等階級）學生和工人的聯盟又得黏固於一時。

至於别階級的人民，則貴族與銀行家早就逃匿，而農民則在各處忙於剷除封建制度，以至於最後的痕跡不留。謝謝意大利的戰爭和朝廷有事於維也納和匈牙利，農民得有充分的自由進行其工作，於是奧地利農民解放事業之成功，優於德國任何的區域。奧地利的議會，以後不久祇得批准農民所已實際進行了的步驟，無論席哇村拍格（Schwartznberg）親王政府如何能恢復旁的東西，而他永不能有權力恢復農民的封建的奴役。假使奧地利現在（卽著者寫信的當時，一八五一年——譯者）是比較平靜，甚至强壯，主要的原因，便是大多數人民的農民，已是革命中的眞正得利者，無論復辟的政府奪取了旁的東西，而那些爲農民所爭得的明白的、實質的利益，還保留未動的原故。

——載於一八五一年十一月十二日的《講壇報》

六 柏林的三月革命

一八五一年十月於倫敦

革命運動的第二個中心是柏林。從我們前幾次論文中所述，或者可以揣測到該地的運動，不會如維也納一樣的得到差不多各階級全體一致的擁護。普魯士的資產階級早已捲入反對政府的真正鬥爭；『聯合議會』所得到的結果只是一個破裂；一個資產階級革命迫在眉睫，假使沒有二月的巴黎革命，這個革命在其初爆發時，或者會如維也納一樣的。

巴黎的二月革命使一切事情都急轉直下；而同時他是在另一旗幟之下實現的，與普魯士資產階級準備反抗其本國政府的旗幟完全不同。二月革命在法國所推翻的那樣的政府，正是普魯士資產階級準備在其本國建立的。二月革命宣告自已是一個工人階級反抗中等階級的革命；他宣告自已是一個工人階級反抗中等階級的革命；他宣告中等階級政府的傾覆和工人階級的解放。而近來普魯士資產階級在其本國已飽嘗工人階級中間的宣傳鼓動。自從西萊西亞騷亂的第一次恐怖過去之後，他們會想轉變這種鼓動的方向，供他們的利用；但他們對革命的社會主義和共產主義時存敬而遠之的恐懼。所以當他看着巴黎政府的領袖盡是他們所認爲財產、秩序、宗教、家庭。及其他現代資產階級所供的『家神』的最危險的仇敵時，他們立刻感覺寒心，將他們的革命熱誠減低大半。他們知道應當不要放過這時機，他們知道沒有工人羣衆之助力，他們是會失敗；然而他們竟不能振作其勇氣。所以在初次部分的和地方的爆發時，他們偏袒政府，努力使柏林的人民安靜，這些人民已在皇宮之前舉行了羣衆的集會五天，討論各種新聞，而且要求政府內部的改變。國王直至最後聽到梅特涅的傾覆後，對民衆才做了微小的讓步，資產階級即認爲革命完成，已走去拜謝國王陛下應允了他的臣民的請願要求。但以後繼續着的便是軍隊轟民衆、巷戰、鬥爭、和國王政權的失敗。於是各種事情都變更了。在資產階級想保存在後面的工人羣衆，已被推動上前，已經戰鬥和獲勝，而且立刻感覺着他們的力量。關於選舉權、出版自由、陪審權、集會權的種種限制——這些限制都是資產階級所極願意的，因爲他只限制住在他們下面的那些階級——現在是再不可能了。重複巴黎的熱鬧的『無政府』狀態的危險如在目前。在這些危險前面，一切舊日的不同意見都消滅了。雖然工人還沒有說出關於他自己的特殊要求，但爲了反對這勝利的工人，多年的朋友和敵人都聯合起來，資產階級和已傾覆的制度的擁護者的聯盟在柏林巷戰時締結。他們祇做了幾個必要的讓步，即必不得已的讓步，『聯合議會』的反對派的領袖卽奉命組閣。爲了報酬其救護王位的勞績，這個內閣也得到一切舊政府的支柱之擁護——封建貴族、官僚、軍隊。這是漢思曼，坎浦好生先生担任組閣的條件。

新閣員是如何恐懼覺醒了的民衆！在他們眼中，只要能强固那已動搖的權力的基礎的方法，他們都認爲是好的。他們這些不幸的、幻想的可憐蟲，想着舊制度復辟的危險已經過去；因此利用整個的舊式國家機關以爲恢復『秩序』之用。沒有一個官僚或軍官被他們撤職，舊的行政的官僚系統也沒有一點變革。一些職員曾因其過去官僚的驕矜的行動，爲人民第一次的革命狂熱所驅逐的，現在又被這些閣員的立憲的責任閣員重新登用。除了內閣的閣員外，普魯士的一切都沒有變更，甚至各部官吏都一仍舊貫。一切立憲主義派的獵官者，對於新興的統治者組織成一歌功頌德的合唱隊，希冀分得權位與官職，但他們都被勸等到安定的恢復至可以容許官僚機關更動人員時再說，現在的如此變動不是沒危險的。

三月十八日的暴動以後，國王意氣最爲沮喪，但他很快的發覺出，這些自由主義的大臣需要他，等於他需要他們。暴動沒有推翻王位；王位是「無政府」狀態的現存的最後的障碍；自由主義的中等階級及其現在在內閣的領袖和國王保存最親密的關係當然有各種的利益。國王和包圍着他的反動的朝臣，看清楚了這一點，於是利用各種的形勢，以妨阻內閣的前進，雖然是對於一些時常要作的微小的改良。

內閣所關心的第一要務是對於最近的劇烈的變動給以法律的面具。他們不顧人民的反對，召集「聯合議會」，以爲國民的合法的立憲機關，通過召集國會的新選擧法，國會的任務就是商得國王的同意，定一新的憲法。選擧是間接的，選擧人選擧一批候選人，再由候選人產生議員。這種兩重選擧的制度，不顧一切的反對而通過。內閣又提出募債二千五百萬元於聯合議會，雖爲人民黨所反對，也同樣的通過。

內閣的這些行動激起人民黨（即當時所稱爲民主黨）迅速的發展。此黨爲小手工業者及商人階級所領導，在革命初期團結着大多數工人在他旗幟之下，要求直接普通選舉制，如像法國一樣，一個一院制的立法會議，和要求承認三月十八日的革命爲新政府組織的基礎。該黨的穩健派，認爲實現一種『民主化』的君主制，即可滿意，極端派則要求建立共和國的終極目的。兩派都同意承認法蘭克佛特的德國國民會議爲國家的主權最高機關，至於立憲主義者反動派則對於這機關的主權假裝大爲恐懼，認他是大革命的。

因爲革命的關係，工人階級的獨立運動，一時的遭逢挫折。這個運動的目前需要和情勢是不容無產階級的特殊要求提出在最前面。事實是如此，當工人階級的獨立行動的地盤還未被淸除、當直接普通選舉制還未成立、當三十六個大小不齊的小國將德國切成無數小塊；當此之時，無產階級的政黨，除了注視這——在他們是極其重要的——巴黎的運動，同時和小資產階級共同鬥爭以獲那些足以容許他們在以後進行在自己的鬥爭的權利，除此之外，無產階級政黨還能做什麼呢？

無產階級政黨在政治行動上，當時和小資產階級，或者當時所稱的民主黨，主要不同的有三點。第一，對於法國的運動估量之不同，民主主義者攻擊該運動中的極左黨，無產階級的革命者，則擁護他。第二，無產階級政黨主張有建立一單一不可分的德意志共和國的必要，而民主主義者中的極端派只敢低聲要求聯邦共和國。第三，無產階級的政黨在每個時機都指示出，凡爲小資產階級所領導，和他們佔主要成分的政黨，永久缺乏革命的勇敢性和行動的堅決性。

無產階級的——或者眞正革命的——政黨當時只能逐漸引導工人羣衆脫離民主主義者的影響，這些工人羣衆在革命初起時，做了他們的尾巴。但在相當時期，民主主義領袖的無決斷、怯懦及其軟弱、包辦了其餘的一切工作。現在我們可以說過去幾年的震動的主要結果，就是凡有大羣工人羣衆集中的地方，他們都完全脫離了民主主義的影響，正是此種影響，在一八四八年至一八四九年陷他們於無窮的錯誤和災禍的。但我們用不着預測；這兩年的事變將來會給我們很多機會看這些民主主義者先生們如何的工作。

普魯士的農民，同奥地利的一樣，（只是力量少些，因爲封建制度，一般的說，在此的壓迫很不算强。）由革命獲得了立刻從封建的鐐銬解放出來的利益。但在此，因此上所述理由，中等階級——他們最老的，最不可少的聯盟者——立刻變成反對他們；民主主義者，亦因爲他們的所謂破壞私有財產，和資產階級一樣的受了驚嚇，也同樣的沒有援助他們。因此，經過了三月的解放，經過了流血的鬥爭和軍事的處刑，封建制度由那昨天還是反封建的資產階級的手裏恢復，特別是西萊西亞。再沒有一個比這個反對他們的更利害的事實。歷史上從無一政黨有過反對其最好的聯盟者、反對其自己的類似的叛變。將來的時候是替這個中等階級準備着各種屈辱與鞭笞，無論如何，他因此一行動是值得各種報應的。

——載於一八五一年十一月二十八日講壇報

七

法蘭克佛特的國民會議

一八五二年一月於倫敦

我們在以上的六篇論文中，敘述德國的革命運動至維也納的三月十二日，柏林的三月十八日的民衆的兩大勝利爲止，想尙在讀者記憶之中。我們已看見在奧地利和普魯士成立了立憲的政府，和宣佈以自由主義（卽中等階級的原則，）爲將來的大政方針；這運動兩大中心所表示的唯一差異在此：普魯士是由自由主義的兩富商坎浦好生漢思曼先生們直接攫得統治政權；奧地利則因資產階級政治上缺乏教育的關係，自由主義的官僚組織了政府，聲明代表資產階級利益，掌握政權。我們更看見了，社會的各階級與諸政黨，在從前是聯合一致反對舊政府的，在勝利之後，或者正在鬥爭的期間，內部分裂；而同一自由主義資產階級，在他單獨的獲得勝利的利益之後，如何轉身攻擊其昨日的聯盟者，對任何比較進步的階級和政黨都取仇視的態度，而且和被征服的封建與官僚分子妥協聯盟。實在說來，即在革命劇之最初，事情已經是很明顯的，即是自由資產階級除依賴民衆和更進步的政黨援助外，不能支持陣線，以抵抗那被征服而未被毀滅的封建和官僚勢力；而他同時却需要封建的貴族和官僚之援助，以抵抗這些更進步的羣衆的進攻。由此看來，與地利和普魯士的資產階級沒有充足的力量以維持其政權，以改造國家制度適應其自身之理想與要求，這是很淸楚的。自由資產階級內閣祇是一個過度的階段，依客觀形勢的轉變，國家或者過渡到更高級的統一共和國，或者恢復到舊的僧侶，封建和官僚的政制。無論如何，眞正的決勝負的鬥爭是在前面；三月事變祇是接觸戰而已。

因爲奧地利、普魯士是德國內兩個頭等王國，因此，維也納或柏林每一斷然的革命勝利都可以左右全德。這兩個城市的一八四八年三月事變的發展也眞正的決定了德國運動的趨勢。因此，我們似乎用不着去注視在各小國發生的運動。我們或者眞正專以研究奧地利和普魯士的事件爲限的，假如不是這些小國因其存生關係，產生了一個機關，牠的存在極明顯的證明德國的變態和剛發生的革命是沒有完成。這個機關是如此變態，其地位如此滑稽，而又自命不凡，我們想將來的歷史多半永不會產生類似的怪物的。這就是沿因河上法蘭克佛特的德國國民會議。

在維也納和柏林的民衆勝利以後，應有一全德的代表議會，這是最自然不過的。結果，這個機關也被選出來，集會於法蘭克佛特，和舊的聯邦議會並肩而立。人民希望德國國民會議解決各種爭端，代表德意志大聯邦全體行使最高的立法主權。但是，同時，召集這會議的聯邦議會對他的權限問題毫無規定。誰也不知他的法令是否和法律一樣的生效，抑係先由聯邦議會或各邦政府之核准。在此種混亂的狀態之下，假如國民會議稍有能力，他應立即解散聯邦議會——德國沒有比這個團體還更遭人恨惡的——從自己的議員中選舉聯邦政府以繼之。國民會議應宣告自身爲德意志人民主權意志之唯一法律的表現，因此各種法令都有法律的效力。特別是他由此可以爲他自身在德國內獲得一種有組織的武裝勢力，以擊破各政府方面的反對，此在革命初期是容易，而且極容易的。但是對於這樣一個自由派的律師、學究式的大學教授占多數的會議，如此的希望未免太奢。這個國民會議固然冒充是德國文化科學精華之所聚；實際不過是老朽的政客之舞台，在全德國人眼簾之前，表演其不自覺的滑稽醜態、和其軟弱無力的行動與思想。這一羣類似老嫗的會議，從其成立的第一日起，害怕最微弱的民衆運動，比害怕德國各邦政府反陰謀之總和還凶。他在聯邦會議之監視下集會，甚至央求聯邦會議核准他們所通過的法令；因爲他的第一批議案須由那個可厭的機關公布。他不唯不主張行使其自己的主權，反審慎的迴避此危險問題的討論，他不去集合民衆的武力於其周圍，反而對於政府的各種暴行侵害置之不理，祇埋頭於討論議事日程。他眼睜睜的看着麥因斯(Mayence)實行軍事戒嚴，人民解除武裝，而他漠不關心。以後他選舉奧地利的約翰大公爲德國的攝政，而且宣告他(國民會議)的一切議案有法律的效力；但是等約翰大公，在徵得一切政府同意榮登新位時，他卽宣告非受國民會議而是受聯邦議會所任命。至於國民會議的法令有法律效力的一點，大國政府從來沒有承認，而且國民會議自己也沒有眞正執行，所以祇成爲懸案。因此，我們在此看見一種怪現象，一個國民會議自稱是一個大國主權的唯一的合法的代表，然而從未有一種意志與實力使其權力見諸實行。這機關的辯論，固然沒一點實際的結果，甚至也無一點理論的價値；他們不過抄襲一些腐舊不堪的哲學派和法學派最平常的爛調；他們在會議中所演說的，或者所低語的，每個語句都是在好久以前印行過一千次，而且比他們說得好過一千倍的。

由此看來，自稱德國的新的中央權力，對於一切事情，從前是這樣的，現在一任其自然。他不唯一點也未實現渴想的德國統一，而且連最不關重要的統治德國的王侯一個也未去掉。他沒有使各省的聯繫更加密切；從來未採取一點方法，打破那使漢諾浮與普魯士、普魯士與奧地利隔離的關稅的牆壁；他甚至絲毫也未想到去掉那妨礙普魯士內河航行的討厭的苛捐。但這個國民會議作事愈少，他愈驕傲，他建造了德國的艦隊——祇是紙上的空文；他兼併了波蘭與希萊斯維格；他讓德國的奧地利進行討伐意大利的戰爭，然而他讓奧地利人安穩的退到德國，禁止意大利人追逐。他慶祝而又慶祝德國共和國之成立，他招待匈牙利的代表團，但是代表團回去時對德國所抱思想，恐怕比他們來時的觀念還要混沌。

在革命初起時，德國各政府對於國民會議如何感覺不安。他們計算國民會議一定有獨斷的和革命的行動——因爲他的權限缺乏具體的規定的關係。所以這些政府都起來最周密的進行陰謀，以便削弱這可怕機關的影響。但這些國王應當感謝，他們的倖運遠過於其機智，因爲國民會議替代各政府工作比各政府自己做得還好。這些陰謀的主要點是：召集各地立法議會，因此，不僅小國召集其自己的立法會議，即普魯士與奧地利，亦召集立憲會議。在這些議會中如在法蘭克佛特的代表會議中一樣，自由主義的中等階級或其聯盟者如自由主義的律師和官僚佔大多數，在這些議會中，事情的進行，差不多是一樣的。唯一的差異在此：德國的國民會議是一個想像的國家的國會——因爲他自身存在的第一條件，就在組織一統一的德意志國家而牠拒絕了實行這任務。牠所討論的是應由他產生的想像政府的想像的和永久不能實行的辦法，牠所通過的是誰也不理的想像的決議。至於奧地利和普魯士的立憲會議，則他們至少是真正的國會，眞正的內閣爲他們所推倒或改組，他們能强迫（至少見一時的）那與他們抗爭的國王實行其決議。他們固然怯懦，缺乏革命的堅決的遠大見識；他們固然背叛了民衆，和將政權交還于封建官僚和軍閥的專制主義之手，但他們至少不得不討論關於目前利益的實際問題，還和別的人民同居在地球之上：而法蘭克佛特的可憐虫們，他們的快樂祇是在夢境逍遙的時候。所以柏林與維也納的立憲會議記錄，占德國革命史中之重要的一頁，而法蘭克佛特的機關的互鬨的喧嘩，祇是好古玩和舊文學的人看着有趣的東西。

德國的疆域的可厭的分裂，分散了和毀滅了一集團體創造力，德國的人民深感有廢除他的必要。他們一時的會希望法蘭克佛特的國民會議開會至少是一新時代的開始。但這一羣怪物的兒戲的行動很快就對於此全國的熱誠澆了一盆冷水。由於馬爾莫（Malmoe）的休戰條約（一八四八年九月）發生可恥的事件，使羣衆的憤怒勃發，反對那從前他們所希望的機關；他們從前以爲此機關可以使國家走上直軌，原來牠爲無比的怯懦所貫注，只能將現在反革命的制度的基礎，恢復到如從前一般堅固的程度。

——載於一八五二年二月二十七日講壇報

八

波蘭民族捷克民族和德意志民族

一八五二年二月於倫敦

從以上各文的敘述，我們很明顯的看見，在一八四八年三月之後除了繼續再來一新的革命之外，德國的事情必然的要恢復事變前的舊日狀態。但這正是我們在此所欲闡明的歷史題目的複雜性質，即我們假如不注意到德國革命的所謂外交；即不能明瞭的理解以後所發生的事變。而此等外交是與內政同樣複雜糾紛的。

德國的東半部全體，直到易比（Elbe）、薩爾（Saale）、和波希米亞森林，在過去一千年內是從斯拉夫人侵略者的手中奪還，這是一切人都知道的。這些境域的大部分已德意志民族化，在過去數世紀，一切斯拉夫民族和語言都完全消滅。假如我們除去極少的完全隔離的殘餘，總不過十萬人〔如泡麥蘭尼亞（Pomerania）之加蘇比亞（Kassubia）人、魯沙希亞（Lusatia）之文德（Wend）人或索爾比亞人〕不計，那些地方的居民完完全全的是德意志人。但在沿舊波蘭邊境的全部在用捷克言語的國家的波希米亞，莫拉維亞（Moravia）地方，這些情形完全不同。在這些地方，兩民族在各區域都是雜居，城市則多少是德意志人，鄉村則以斯拉夫人佔優勢，雖然在那些地方，斯拉夫人也逐漸解體，由德國勢力的不斷進展，而逐漸退縮。

此種狀況的原因是：自從查里曼（Charlemagne）大帝時代以後，德國人忍堅毅不撓的，努力於兼併和殖民東歐，或者至少使其文明化的事業。封建貴族所佔領的易比河與阿德爾(Oder)河之中間地帶，普魯士、里風尼亞(Livenia)之各級軍人武士的封建殖民地，這些只是工商業中等階級進行其規模宏大而有力的德意志化計畫的試驗場。這些中等階級在德國如在西歐各處一樣，都是自十五世紀來占社會與政治的重要的。斯拉夫人、而且特別是西斯拉夫人（波蘭人與捷克人）都純然是一農業民族；他們從不喜商業與製造。其結果是由於這一地帶的人口增加和城市成立，一切製造品的生產都落在德國移民的手中，而這些商業品與農業生產品的交換完全爲猶太人所獨佔，而我們假如考查這些猶太人的國籍時，一定發現他們是德意志人而非斯拉夫人。這種情形在東歐各地都是如此，雖然程度差些。在聖彼德堡、拍茲（Pesth）、嗟西（Jassy）等地方，甚至君士坦丁，手工業者、小商人、小製造業者，卽在今日，也是德國人；而放債者、茶酒館主人、和叫賣者——在這些人煙稀少的國家，他們是極重要的人物——一般都是猶太人，他的本國語言是德文而且說得可怕的不通在斯拉夫邊境地方德國人的成分的重要隨城市及工商業的發展以俱進，當人們感覺須從德國輸入各種文化的時候，德國人的重要更為增加。跟着在德國商人和手工業者之後的，就有德國的牧師、德國的教員、德國的學者移殖在斯拉夫的土地之上。最後，這種侵略的軍隊的鐵蹄、或審愼圓滑的外交手腕，不僅是跟着，而且許多次都跑在那慢而且堅的使民族崩壞的社會發展的前面。由此，西普魯士和博森（Posen）的大部分自從波蘭第一次瓜分之後即德意志化，因為他們將公地拍賣或償賜與德國的殖民事業者，以獎勵德國資本家於鄰近建立工業，而且不惜常用過分的專制手段，以得罪該國的波蘭居民。

像這樣的，過去七十年完全變更了德國民族與波蘭民族的界限。一八四八年的革命，立刻喚醒了被壓迫民族的獨立要求；主張自己有權處理自己的事務。很自然的波蘭人應當立刻要求復國，依照一七七二年以前舊波蘭共和國的國界。固然，這個國界假如作為德國民族與波蘭民族的劃界，甚至在那個時候也是泯滅了的，而且這種情形，因爲德意志化的進步，逐年更是如此；然而德國人會宣告其熱誠擁護恢復波蘭，人們應當要求他們第一當放棄他們的贓物，以爲他們的同情的眞實證明。但是在另一方面，該民族從來還沒有能證明其進步的能力可以超過以農奴制爲基礎的封建主義，則德人佔主要成分的大塊土地，和完全是德國人的大城市，他們應該放棄讓給該民族否呢？這個問題是很糾紛的。唯一可能的解決辦法是與俄國宣戰，於是在各革命國家中，劃界問題變成一次要問題，首要的是建立一安全的疆界，以禦共同的敵人。波蘭民族假如能在東方擴張領土，在西方必易馴服和講理。他們終會承認里加（Riga）和米蘭（Milan）對於他們是和但澤（Dantzig）和愛爾賓（Elbing）同樣的重要。所以德國的急進政黨，認爲如欲繼續支持歐洲大陸的運動，則有對俄戰爭的必要；認爲卽令波蘭只是一部分的復國，必會引起此種戰爭；德國的急進政黨是贊助波蘭民族的；至於統治的中等階級，一半因他們明瞭的預見他們會因對俄的民族戰爭而傾覆；因為實行戰爭需要更積極和更堅決的人們執掌政權，所以他們佯作熱烈的擁護德國民族的擴張，實行宣告革命鼓動中心地的普魯士的波蘭即為未來的德意志帝國之一部分。在緊張的最初數日所給予波蘭人的諾言，是很可恥的破棄。波蘭的軍隊，曾為政府所批准而組織起來的，亦為普魯士的砲隊所解散和屠殺。直到一八四八年的四月，距柏林革命不到六星期，波蘭的運動被人擊碎了，德國人與波蘭人的敵視，又復活起來。對於俄國專制君主這樣無限的功績，是由自由主義的商人內閣坎蒲好生和漢思曼所貢獻的。我們要同時指出這次討伐波蘭，是整頓和強固普魯士軍隊的第一步辦法，正是這個軍隊在以後推翻了自由黨內閣和擊破了坎蒲好生及漢思曼先生們所苦心締造的運動。『罪之所在　罰亦如之。』這是一八四八年、一八四九年一切新發跡的人們的命運從萊得魯羅蘭到鄉格尼爾（Changarnier）、從坎蒲好生到海勞（Haynau）。

民族問題在波希米亞引起另一種鬥爭。這個國家有二百萬德國居民、三百萬說捷克話的斯拉夫人，有偉大的歷史遺蹟，差不多全是關於捷克人過去佔優勢時代的。但是這斯拉夫的支脈的力量自從十五世紀的虎斯戰爭(War of Hussits)以後，就毀滅了。說捷克話的各省都彼此分裂，一部分組成波希米亞王國，另一部分組織摩拉維亞(Moravia)，第三部分是斯魯瓦克人的卡爾巴推亞(Carpathia)山地，爲匈牙利之一部分。摩拉維亞人和斯魯瓦克人久已失去民族的感情和精神，雖然多半還保存着他的語言。波希米亞國界之四邊，即有三邊與純然的德國的國家毗連。德人成分在該國領土之內有大的發展；甚至都城的布拉格(Prague)兩個民族也是勢均力敵；而且各處的資本、商業、工業和文化事業都操於德人之手。捷克民族的重要擁護者帕拉基(Palachy)教授自己不過是一個瘋狂了的一個德國學者，他甚至在現在不能說通順的捷克語言，免不掉外國語的重音。但這正是常常發生的，死亡的捷克民族，在最近百四年來的歷史，根據各方面事實却證明是死亡的民族，在一八四八年盡其最後的努力恢復其舊日的活氣與精神，此種努力的失敗，姑不從革命觀點上立論，也是證明波希米亞的存在此後只能成爲德國的一部分，雖其居民之一部仍在將來數世紀內繼續說非德意志文的語言。

——載於一八五二年三月五日之講壇報

九

大斯拉夫主義——希萊斯維格、荷爾斯坦的戰爭

一八五二年；二月於倫敦

波希米亞和克魯希亞（後者爲自斯拉夫家庭分離的一員，受匈牙利之影響，如波希米亞受德國的影響一樣）是歐洲大陸所謂『大斯拉夫主義』的故鄉。波希米亞和克魯希亞都非很强的民族，足以成一單獨的國家。他們的各種民族都受歷史諸原因的作用，漸漸的瓦解，必然的被同化於更强大的種族，假使他們希望恢復獨立，只有和別的斯拉夫國家聯盟。世界有二千二百萬波蘭人，四

千五百萬俄國人，八百萬塞爾維亞人和保加利亞人；爲什麼不可以團結成一全體八千萬斯拉夫人强大的同盟，驅逐或撲滅那侵犯神聖的斯拉夫的土地的侵略者，如土耳其人、匈牙利人、而尤其是可恨而又不可少的『涅米泚』(Niemetz)卽德國人呢？

因此，在斯拉夫人中的少數歷史科學的愛好者之書室中，卽起有一種滑稽的反歷史的運動，此運動沒有別的意義，祇是想將文明的西方，隸屬於野蠻的東方，城市隸屬於鄉村，商業、工業和知識隸屬於斯拉夫農奴的原始農業。但在此滑稽理論之後方，站着一俄國帝國的可怖的實際。俄國帝國之每步行動都表示其野心，把整個歐洲當作斯拉夫人(主要的是俄國人，因其爲該民族之唯一的强有力的部分)的領土。他雖有如聖彼得堡和莫斯科一樣的兩個首都，然而當沙皇的城(卽君士坦丁，俄人稱爲沙里格勒，卽沙皇城之意)卽每個俄國農民所認爲他的宗教和他的民族的最高的機關之所在，還未眞正成爲俄國皇上的刖墅時，他宛如沒有找着重心。他在其最近一百五十年來每次由他開始的戰爭，從未失去領土，只有獲得。而且中歐的人們都熟知俄國的政策是用陰謀以扶助時髦的大斯拉夫主義，而且從未發明過比這更好的主義，恰適合於他的目的。所以波希米亞和克魯希亞的大斯拉夫主義者，有些是自覺的，有些是不自知的，都替俄國的直接利益工作，他們爲了民族的憧影背叛了革命的主義；此種民族的最好的命運也不過如俄國統治下的波蘭民族所享的。然而我們要說波蘭人在此點値得我們的尊敬，他們從未眞正的陷落在這些大斯拉夫主義的圈套裏。假使有幾個貴族變成狂熱的大斯拉夫主義者，那是因爲他們知道在俄國的壓制之下，比起他們底下的農奴暴動，他們損失要少得多的原故。

波希米亞人和克魯希亞人於是在布拉格召集斯拉夫人大會，以準備一全體斯拉夫人的大聯盟。這個大會，縱使沒有奧地利的軍人干涉，一定也要遭斷然的失敗的；斯拉夫各民族的語言不同，是和英文、法文、瑞典文彼此間的相差完全是一樣的，當會議開始時，大家感覺發言的人沒有一個共同的斯拉夫語言使大家都能聽懂。最初試用法文，大多數同樣仍不能理解，這些可憐的斯拉夫熱心人士，他們的唯一的共同感情本來祇是對於德國人的共同仇恨，最後不得不用可恨的德文發言，因爲德文是唯一大家都能聽懂的文字。但是與此同時，另一斯拉夫人的大會也在布拉格舉行，這是加里西亞（Galicia）的劍手，克魯希亞和斯魯瓦克的手榴彈隊，波希米亞的砲手和騎兵；這個眞正的、武裝的斯拉夫人的大會在溫狄希格拉茨(Windischgrätz)的指揮之下，在不到二十四小時內，將這些虛假的斯拉夫民族的威權的建設者驅逐出城，趕得他們如鳥獸散。

列席於奧地利的立憲議會的波希米亞的、摩拉維亞的、德爾馬西亞（Dalmatia)的和一部分波蘭的代表（貴族）在議會中對於德意志分子進行堅決的鬥爭。德意志人和一部分波蘭人(破產的貴族)則是議會中的主張革命的進步的主要擁護者；大羣的斯拉夫代表之反對他們，只是淸楚的顯露其整個運動的反動傾向，但他們仍以此爲未足，甚至卑鄙無恥的去和那解散了他們的布拉格會議的奧地利政府勾結陰謀。他們爲了這種不名譽的行動也得到報酬；他們在一八四八年十月暴動的期間，是擁護政府派，這件事變帮助了他們終於在議會中占得多數，這個現在差不多清一色的斯拉夫議會結果爲奧地利的軍隊所解散，等於布拉格的大會，而且警告他們說如再動作，即將他們逮捕。他們所得的祇有一個結果：即是斯拉夫民族現在到處受奧地利集權制之摧殘而解體，他們應當感謝他們自己的盲目和狂熱。

假使匈牙利與德國的邊界從前會發生過問題，在那些地方當時也可發生爭端。但是幸而這種爭端當時沒有藉口，兩國利益均互相密切，他們均反抗他們的共同敵人，即奧地利的政府和狂熱的大斯拉夫主義。兩方的相互諒解未嘗一刻或欵。但是意大利的革命至少牽連了德國的一部分陷於相互殺戮的戰爭，而且我們在此應當看着梅特涅制度遏制公共思想的發展，到了如何的程度的證明，在一八四八年開始的六個月，在維也納參加巷戰的人們，也是那踴躍從軍去參加那反對意大利的愛國主義者的戰爭的人們。然而這樣可嘆的思想上的混亂，沒有支持長久。

最後，就是關於希萊斯維格和荷爾斯坦對丹麥的戰爭，這些國家的民族語言嗜好無疑的是德意志的，而且從陸海軍及商業的見地上，德國也應當屬於德國。最近三年來該地居民爲反抗丹麥的干涉，頗有艱苦的鬥爭，就條約上的規定，他們亦有此權利。三月革命引起他們與丹麥人的公開衝突，而德國則援助他們。但是德國的政府甯願在波蘭、意大利、波希米亞、和以後在匈牙利，極猛烈的進行軍事行動，而對於這個唯一的人民的戰爭和唯一的（至少是部分的）革命的戰爭，他們進行了許多無結果的進攻和退守，以後又屈服於別國的外交干涉，使許多英勇的交戰，竟得到最可憐的結果。德國政府在戰爭期內，在每次的機會，都是背叛希萊斯維格、荷爾斯坦的革命軍隊，當他被追逐或分散的時候，有意的任其被丹麥人截擊。德國的義勇隊亦受此同樣的待遇。

但是一方面德國的名字固然各方所痛恨，德國的立憲的和自由主義的諸政府則因此磨掌的高興快樂。他們已將波蘭和波希米亞的運動撲滅成功。他們在各處都復燃了民族間仇視的感情。（正是這些感情，在從前妨碍了德國、波蘭和意大利人中間的共同了解和共同行動。）他們使人民習於國內戰爭和軍事壓迫的熱鬧情景。普魯士軍隊在波蘭、奧地利的軍隊在布拉格都恢復了其士氣；當着一些充滿過分的愛國心〔卽詩人海勒(Heine)所說的：『過分的愛國力』(die Patriotische Ueberkroft)〕的革命而近視的青年，被人領導在希萊斯維格和龍巴底(Lambardy)飽嘗敵人的彈丸，爲敵人擊至粉碎的時候，而正式的軍隊——這是普魯士奧地利的眞正武器——則向人誇耀對外的勝利以重獲民衆對他的歡心。我們重覆的說，這些軍隊是在被自由主義派利用以反對更急進的政黨的時候，强固起來的，但是他們一等多少恢復了其士氣和紀律，他們就立刻轉過頭來反對自由主義派，恢復舊制度的人物的政權。當拉得茨基（Radetzky）在亞狄格（Adige）外的行營接得維也納的負責的內閣閣員的初次命令時，他驚訝的說：『這些閣員是誰？他們並不是奧地利的政府！奧地利的政府不能在別處，祇能在我的行營；我和我的軍隊，我們是奧地利；等我們擊敗意大利人之後，我們要爲皇上重新取得帝國的江山。』老拉得茨基是對的，祇是這些輭弱無能的維也納的負責閣員沒有注意及他。

——載於一八五二年三月十五日之論壇報

一〇

巴黎暴動及其在德國之影響——法蘭克佛特的暴動

一八五二年二月於倫敦

早在一八四八年四月之初，革命的浪潮在歐洲大陸各處都被阻塞，因爲那些從第一次勝利獲利的社會階級，立刻和被征服者成立了聯盟。在法國，小資產階級和資產階級的共和派，聯合着君主派的資產階級反對無產者，在德國和意大利，勝利的資產階級極求獲得封建貴族、官僚、軍隊的援助以反對民衆和小資產階級。在很快的期間，保守的和反革命的諸政黨聯合起來，又重新得勢。在英國，一個不合時宜和預備未周的示威（四月十日）使民衆黨完全的和斷然的失敗了。在法國，兩個相似的示威（四月十六日和五月十五日）也同樣的失敗。在意大利，邦巴（Bamba）王在五月十五日一擊而奪回政權，（註）在德國，許多新的資產階級政府及其各自的立憲會議都團結堅固起來。假如多事的五月十五日在維也納引起了一次民衆的勝利，這不過是次要的一件事，我們可以當他是民衆精力的最後一次的有成功的發洩。在匈牙利的運動似乎轉入了完全合法的安靜的範圍以內。波蘭的運動，如我們上次論文所說，在萌芽的時代，即爲普魯士的刺刀所摧殘。但是事變在將來終於取何種途徑發展，當時還一點也沒有決定，而各國的諸革命黨所失的每寸的土地，祇足以引起他們更堅固的團結，準備着最後的鬥爭。

最後的鬥爭快逼近了，這鬥爭祇能在法國進行，因爲英國沒有參加過革命

巴黎暴動及其在德國之影響

的戰爭，德國陷於分裂的狀態，祗有法國因其國家的獨立，文明和中央集權的關係，是唯一的國家，能以其鬥爭，影響到週圍的國家內發生鉅大的暴亂。所以，在一八四八年六月流血的鬥爭開始於巴黎的時候，每封接連的電報和郵件都在歐洲人的眼中印下了這一件事實，就是說，這鬥爭在一邊是工人羣衆而另一邊是巴黎的其他各階級人民（爲軍隊所援助）間進行；這戰鬥繼續數日之久，其激烈程度爲近代的國內戰爭史所未之前聞，但是任何一方尙未佔顯著的優勢；在這個時候，每人都明白這是一個大決戰：假使暴動而勝利，則此戰鬥會瀰漫於全大陸，爆發許多新的革命，假使暴動而撲滅，則反革命的統治，至少將到一時的恢復。

巴黎的無產者被人擊敗、殺戮、摧殘，其創巨之深，即在今日亦未復原。於是全歐各處的新舊保守黨和反革命黨，立刻伸出他們的頭來，非常的傲慢，表現他們深深的懂得此事件之意義。他們在各處都侵犯言論的自由，干涉集會結社的權利，藉口於各省小城市的事件以解除人民的武裝、以宣告戒嚴、和利用新的演習和機謀操練軍隊，正是加發列（Cavaignac）教導過他們的。更有甚者，這是三月革命以來第一次的證明，一個大城市的羣衆暴動假使他以爲是堅固不可破的，這便是一種幻想；軍隊的榮譽已經恢復；從前他們在重要的巷戰中永遠失敗的，現在恢復了他們的自信力，相信他們以後應付此類鬥爭是綽有餘裕的。

德國的舊封建官僚黨，從巴黎工人的這次失敗，即開始積極進行第一步的步驟和具體計畫準備去掉他們的暫時聯盟者、中等階級，恢復德國到三月事變以前的狀態。軍隊又成爲國家的權力之所在，而軍隊並不是中等階級的，乃是封建勢力和官僚的。甚至於在普魯士一八四八年，有一部分下級軍官很傾向於立憲政治的，因爲革命在軍隊中引起了騷亂，使這些穩健的青年又回復到如同舊日一樣的服從，祇要簡單的兵士對於長官行動稍爲自由一點，這些長官就立刻的明白了紀律和無條件服從的必要。被征服的貴族和官僚，開始懂得了他們應當怎樣做，他們看見軍隊比從前更加團結，因爲在幾個小的暴動和對國外的戰爭中的勝利而自鳴得意，而且羨妬法國兵士所已得到的大勝利，他們想，祇要使這些軍隊不斷的與人民發生小的衝突；最後的時機一到來時，這些軍隊可以一擊而破革命黨，而且打翻中產階級議會主義者的對於政權的慾望。這樣的一個最後一擊的適當時機，很快的就來了。

我們忽略過那偶而有趣而多半是煩瑣的議會議事錄和那些帶地方性的爭鬥，德國的各政黨在秋季的時候都忙於這些事情。我們祇消說，雖然有了多次的議會勝利，但是沒有一件事得到實際的結果，中等階級利益的擁護者一般的感覺得在兩極端的政黨中間的他們的地位逐日的變成不穩固，因此他們不得不今日去求與反動者聯盟、明朝又去博更急進的政派的歡心。此種不斷的搖擺，使他們在社會輿論中失去最後一滴的信仰，事變向前發展時，公衆對於他們的輕視，主要的只是幫助了官僚和封建派的活動。

在秋季開始的時候，各政黨間的相互關係惡化和危急，使最後的一戰爲不可免。民主革命的羣衆與軍隊之間的這一戰的第一次的接觸，是在法蘭克佛特發生。雖然這是一次不重要的接觸，然而他是軍隊對於暴動的民衆獲得的第一次的重要的勝利，因此，使士氣大振。法蘭克佛特的國民會議所建立的虛假的政府爲普魯士政府所允許（這原因是很明顯的）和丹麥締結了休戰條約，其內容不僅是讓希萊斯維格的德國人屈服在丹麥之下，受其蹂躪，而且也完全否認了一般認爲引起丹麥戰爭的多少帶革命性的原則。這個休戰條約爲法蘭克佛特的國民會議以二、三票的多數所否決。在這次表決以後，就發生了一表面的內閣危機，三日以後，國民會議又重新的將此問題付討論，眞正的取消了上次表決。和承認了該休戰條約。此種可恥的行動，激起了人民的公憤，在街上準備巷戰，但有很多軍隊開到法蘭克佛特，經過了六小時的戰鬥，暴動爲他們壓平。與此事變有關連的相似的但較爲須要的運動在德國別處（科倫、巴登）也發生了，都遇着同樣的失敗。

這回初次的接觸，給了反革命黨很大的利益。完完全全由人民選舉產生的——至少是表面如此——唯一政府即法蘭克佛特的帝國政府以及國民會議，結果是在人民的眼中埋葬了。這個政府和這個會議不得不求援於軍隊的刺刀以反對民意之表現。他們羞辱了自己，無論他們從前如何還得到人的一點尊敬，但是這樣的否認他們的來源和這樣的依賴反對人民的政府及其軍事力量，已經把這帝國大佐，他的閣員和他的代議士變成完全無用的廢物。我們在以後將看見始而奧地利、繼而普魯士、繼而各小國如何欺負這一團無用的空想家，輕視由這機關所接到的任何命令，輕視他們的任何請求或代表團。

我們現在要敍述到德國的一件大的事變，即法國的六月爭鬥之再版，這在德國有決定的意義，一如巴黎無產階級爭鬥之於法國。我們所指的是一八四八年維也納的十月革命及以後的陷落。但是這個戰鬥是如此的重要，和解釋各種促成此事變的原因須佔講壇報的如許篇幅，我們認為有專函論他的必要。

——載於一八五二年三月十八日之講壇報

註　意大利的斐迪南二世在用礮轟燬暴動的諸城市（如巴勒摩、勒基歐）以後，被呼為『邦巴王』（即炸彈王），他在以後終於不得不宣布憲法，但是斐迪南祇要有可能時，常違犯此種憲法行事。五月十五日，當國會第一次開幕時，他在帕勒用軍隊準備了一種野蠻的戰鬥，屠殺了一切他們認為犯『新時代』精神的嫌疑的人。——譯者

二 維也納的十月革命

一八五二年三月於倫敦

我們現在敘述到一決定的事變，他在德國的反革命的意義，等於巴黎六月暴動之於法國，他祇消這一打擊卽改變了形勢，使其有利於反革命黨——這是維也納一八四八年十月的暴動。

我們已經看見維也納三月十二日的勝利以後的各階級的態度，我們已經看見了德意志的奧地利的運動如何與非德意志的奧地利（註）的行省的事變發生糾纏而且受其阻碍。現在我們祗須簡單的叙那引起德意志的奧地利的最後的而且是最勇猛的暴動的諸原因。

高等貴族和交易所的資產階級從前是梅特涅政府的非正式而又主要的支柱，他們甚至在三月事變以後，還能影響和左右政府，他們所以能如此，不僅靠利用宮庭、軍隊和官僚，而且靠利用在中等階級中間很快的普遍了的對『安那其』的恐懼。他們很快的伸出幾根觸鬚，試探空氣，如提出出版法、最荒謬的貴族憲法、和想以舊日的『等級』區分爲基礎的選舉法。所名爲法治的內閣，其人物爲半自由主義的和怯懦無能的官僚，在五月十四日竟敢於嘗試對民衆的革命組織的直接的進攻，解散革命衛軍的和學生軍的代表的中央委員會，（此機關之成立，是爲了公開的監督政府的目的，而且遇必要時，得號召民衆的武力以反對政府。）但是此種行動只是激起了五月十五日的暴動，政府由此被迫又不得不承認該委員會之存在和取消了憲法和選舉法，而且答應賦予由普通選舉產生的立憲會議的製定新的根本大法之權。這一切都是在翌日的皇帝的宣言中所證實了的。但是反動黨(他們在內閣內也有代表),很快的又誘致着他們的『自由主義的』同僚,對於民衆的利益,又舉行一個新的進攻。學生軍是急進黨的大本營,是不斷的鼓動的中心,正因爲此種關係,維也納的穩健的市民非常討厭他們;二十六日,內閣下一命令,解散學生軍的組織。假使他們祇讓一部分的國民衛軍去執行這個命令,他們或許能解散成功,但是政府也不信賴國民衛軍,他將軍隊調來做這件事情,於是國民衛軍立刻翻轉身來與學生軍聯合,因此破壞了內閣的計畫。

在此期間,皇帝與他的宮庭於五月十六日離開了維也納,逃往因斯普魯克(Innspruck)。他們在此爲虔誠的泰羅里安(Tyroleans)人所環繞[(這些]人之重新引起了對於皇宅的忠心擁護,是因爲他們害怕薩多龍巴地(Sardo-Lombardia)軍隊侵入他們國家的危險,)]在鄰近爲拉德茨克的軍隊所守護(因斯普勢克恰在其砲擊距離的範圍之內）。反革命黨如得着了一個避難所，他們可以在此不受人監視的、不受人注意的、和沒有危險的集合殘部，修葺而且重新散布其陰謀之網於全國。他們和拉德茨基、耶拿其其（Gellachich）、溫狄希格萊慈、以及和各省的各級行政機關的可靠的人都恢復了聯繫。他們暗中展開了和斯拉夫的首長間的陰謀。這些反革命的狐羣狗黨得以將他們所支配的眞正實力組織起來。他們讓維也納的無能的內閣閣員剛掙來的微弱的信仰，在和革命羣衆不斷的瑣細衝突中間、以及在下次立憲會議的辯論中間磨光。所以他們採用的是暫時的放任首都中的運動的政策。這個政策假如各在如法國一樣的集權的和同質的國家實行，必然幫助了急進的政黨獲得極大權力，而在如奧地利政治質素複雜混合的國家，是一種反動派重新集合自己力量最安全的政策。

維也納的中等階級以爲宮庭遭了三次的連續的失敗；而且當前的還有依普通選舉成立的立憲會議，宮庭已經不是可怕的敵人了，於是他（中等階級）一天天的陷於煩悶和厭倦，終日的要求秩序和安甯，在猛烈的變亂和由此而興的貿易的阻滯之後，這種情緒在各處都侵入這一階級的心裏。奧地利資本的工業差不多完全限於製造奢侈品方面；因爲革命和宮庭逃亡的關係，自然是需要減少。於是要求恢復經常的政治組織和召回宮庭的呼聲，在中等階級中極爲普遍，他們希望由此可以實現商業興旺的恢復。立憲會議在七月的集會，大家歡樂的慶祝，認爲這是革命時代的終了；而且同樣慶祝宮庭的回京，〔在拉德茨克意大利勝利以後，在多布爾霍夫(Dabelhoff)反動內閣上台之後，他認爲已經有力量可以抵抗民衆的浪潮，同時維也納也希望他們回來以完成那與議會中斯拉夫議員的多數的陰謀。〕當立憲會議正在討論那種解放農民的封建的束縛和解放他們對貴族的強迫的服役的法律的時候，宮庭想出了一最妙的陰謀。他們要皇上於八月十九日檢閱國民衞軍，侍從的皇族、朝臣、將軍等都相互競爭的恭維武裝的市民，這些武裝的市民看着如此被公開的認爲是國家的重要機關，已醉心於此種光榮；不久之後，有一道命令發表，爲閣中唯一有信仰的閣員席哇澤(Schwarzer)先生簽名，取消了政府從前對於失業工人的補助。他們的這個詭計成功了；工人階級起來示威；中等階級的國民衞軍則宣言贊助他們的閣員的命令；他們向着『無政府黨』進攻，如狼似虎般猛撲手無寸鐵的無抵抗能力的工人，在八月廿三日屠殺了他們中間的很多人。由此革命勢力的實力和統一戰線是被破壞了，維也納的資產階級與無產階級的階級鬥爭也得到了流血的破裂了，反革命的徒黨看見日子快到了，他們可以進行一種猛烈的打擊。

匈牙利的事件很快的給了他們(宮庭)一個機會公開的宣佈他們所準備的行動的原則。十月五日維也納公報上的皇上命令——這個命令沒有得到任何匈牙利的負責閣員的副署——宣告解散匈牙利的議會而且任命克魯希亞的耶拿其其爲該國的民政兼軍政長官（耶拿其其是南斯拉夫反動派的領袖，是一個匈牙利的合法政府宣戰的人。）同時發出命令，調動維也納的軍隊出發，聯合其他軍隊，壓迫匈牙利人承認耶拏其其的權力。然而這是太明顯的露出了爪牙；維也納的任何人都覺得對匈牙利政府的戰爭是對法治主義的原則的戰爭。這種原則爲皇上的命令所踐踏，因爲他想發布命令，未得國務員之副署，而生法律的効力。維也納的民衆、學生軍、和國民衛軍，於十月六日舉起示威阻止軍隊的開拔。有些炸彈隊則投到人民方面，民衆力量和軍隊之間發生短時候的鬥爭；陸軍總長拉都爾(Latour)爲人民所殺，在晚上時，民衆成了勝利者。在此期間，耶拏其其爲泊柴爾(Perezel)在希士爾懷森堡格(Stuhlweissenburg)所擊敗，逃避於維也納附近的德意志的奧地利的領土。維也納的軍隊本是開往援助他的，現在也假意對他表示敵視的和抵禦的態度，皇帝與宮庭，又重新逃到半斯拉夫人的屬地的阿爾穆慈（Olmütz）去了。

但是在阿爾穆慈的宮庭的形勢與他們從前在因斯普魯克的完全不同。他現在有力量可以立刻開始討伐革命勢力。立憲議會中的斯拉夫代表大羣的跑去，雲集於阿爾穆慈，而且帝國中的斯拉夫的熱狂者亦從各地來會。在他們的眼中，此項討伐戰爭爲斯拉夫民族的復辟而戰爭，須殲滅那兩個侵入斯拉夫領土的民族，即德意志人和匈牙利人。溫狄希格萊慈、布來格的勝利者，現在是集中於維也納週圍的軍隊的總指揮，立刻變成了斯拉夫民族的英雄。而且他的軍隊很快的從各方集中。從波希米亞、摩拉維亞、施太里亞(Styria)，上奧地利、意大利，一旅一旅的軍隊都開拔集中於維也納，和耶拿其其的軍隊以及首都從前的衞隊會師。將近十月底時，如此大聯合着的，有六萬人，立刻他們開始從各方襲擊都城，直到十月三日，他們的前進很有成績，可以斷然開始總進攻。

在此期間的維也納，充滿了混亂與恐慌。中產階級在剛獲得勝利以後，即故態復萌，又如從前一樣不信任『無政府的』工人。工人們則還記得他們六禮拜前在武裝的小商人者手中所受的待遇，還記得中等階級的一般的不中用而動搖的政策，因此不願以守城之責委托他們，而要求武裝自己和實行自己的軍事組織。學生軍是充滿了反對帝制專橫的熱血，但是他們完全不能理解兩個階級決裂的性質，也不了解客觀形勢的需要。在官場和社會上，都是混亂統治着。議會中殘留下來的德人的代議士和極少數的斯拉夫人的議員——他們都是替阿爾穆慈的朋友們充當坐探——和少數的較革命的波蘭議員，永久的坐在那裏開會；不堅決的行動起來，只是耗費時間於無謂的辯論是否可以不越過憲法的條文的限制，以抵抗皇帝的軍隊。公安委員會是由維也納的幾乎一切民衆團體代表組織而成，雖然決定抵抗，但是他爲佔多數的市民和小商人所支配，他們總不許他進行堅決而强有力的活動。學生軍的評議會通過英勇的決議，但是完全不能担任領導。工人們則爲人所不信賴，爲人所解除武裝，沒有組織，其思想還未完全脫離舊制度的思想上的束縛，還剛剛醒覺，（還不是知識上的，只是直覺的感覺到他們的社會地位和感覺到某一種政治路線是最正確，）他們只能發爲種種鼓噪的示威，殊難望其有補於時艱。但是他們是準備的——如他們在德國革命中永遠準備好了的一樣——祇要得着了武器，他們卽準備戰鬥到底。

這是當時維也納的情形。維也納的外邊，整頓好了的奧地利的軍隊爲拉德茨克在意大利的獲勝而士氣大振。六七萬的軍隊，有很好的武裝、有很好的組織，雖然沒有很好的指揮，但是總算有指揮。在維也納的裏邊呢，混亂、階級的分裂、無組織、國民衞軍中的一部分完全不準備戰鬥，一部分動搖，祇是最少數的一部分準備作戰。無產階級的羣衆，數量上旣然偉大，但是沒有領袖，沒有一點政治教育，無故的易受虛驚和易於激怒；常受廣播的謠言的欺騙，他們雖然十分的願意戰鬥，但最初時期是沒有武裝，最後他們被領導上戰場時，武器又不完全，且組織不好。一個不可救藥的議會，火燒到他們頭上的房頂時，他們還在那裏從事理論的瑣碎的爭論。一個領導的委員會旣無衝動又乏精力。從三月到五月來，一切事情都完全改變了，那時候恰在反革命的陣營中，一切都是混亂，而唯一有組織的，是爲革命所創造的實力。這個鬥爭的結果如何，我們不必疑惑，假使有些疑惑，則十月三十日、十一月一日的事變已經將此疑團解決了。

——載於一八五六年三月十九日之新萊茵報

註　奧地利人有兩部分：一是德意志民族所居的省分；一是非德意志民族——例如斯拉夫民族，——所居的省分。前者稱德意志的奧地利，後者稱非德意志的奧地利（譯者）。

一二 維也納的陷落

一八五二年三月於倫敦

當最後溫狄希格萊慈集中軍隊，開始向維也納攻城的時候，城內可以調動爲防禦之用的實力是異常的單薄。國民衞軍祇有一部分可調到戰線上去。不錯，工人的衞隊，在最後是倉促的成立了，但是這種利用人數最衆、最勇敢、最雄健的一部分人民的企圖，來的非常之遲，加以他們從前未習於運用武器和不講最初步的軍紀，因此不能作有力的抵抗。由此看來，學生軍有三四千之衆，操練有素，而且軍紀亦相當的好，勇敢而熱烈，軍事上說來，他們是唯一的力量可以抵抗的了。但是他們和少數可靠的國民衛軍，以及一羣混亂的武裝工人合計起來，以之抵抗人數遠過的溫狄希格萊慈的常備軍（我們姑不計耶拿其其的盜賊式的隊伍，這些兵士由他們的習慣，是擅長於從一家打到一家從一巷打到一巷的）又算得了什麼？而且這些暴動的羣衆除了幾個破舊而不堪用和架得不好的大砲，以反對那衆多而描準正確的重砲隊以外，還有什麼，何況溫狄希格萊慈利用重砲隊作無情的掃射呢？

危險愈逼近，維也納愈恐慌。聯邦議會直到最後的一分鐘依然鼓不起勇氣議決以請求祇離京城數英里下寨的柏柴爾的匈牙利的軍隊援救。公安委員會通過矛盾的決議，他們自己和武裝的民衆一樣，隨着互相輪換的一陣一陣的謠言和反謠言的升降而一上一落。祇有一件事是大家都一致的，就是尊重財產；而他們在這樣的時候的一種做法，祇是滑稽有趣。關於決定最後防禦計劃一點，則工作做得非常之少。貝姆是一個在場的唯一能救維也納的人（假如維也納當時能有這樣一個人），是一個差不多不知名的外人，一個斯拉夫籍，他拒絕了担任這件工作，因爲他爲全體所不信任而寒心。假使他堅持了一下，大家或許把他當叛賊拷打。麥森好塞（Messenhauser）是暴動羣衆的武力的指揮者，他比較的還是一個詩人兼小說家，連一個副官都說不上，他是完全不適於此種任務；在八個月的革命鬥爭以後，民衆方面竟沒有產生或得到一個比他更高明的軍事人材。

在這樣的情形之下而開始了戰爭。維也納人，論其防禦武器，則十分缺乏，論其軍事技術和隊伍的組織，則完全沒有，竟奮力的作了最英勇的抵抗。在好多地方當貝姆還在指揮的時候，他所發的命令，『防禦該地，至最後的一人，』竟執行至一字不差。但是他們終於寡不敵衆。帝國的重砲隊在構成郊外主要脈絡的長廣的街道上，掃蕩重重的障險，勢如破竹。在戰鬥的第二日晚，克魯西亞人已佔領了面臨舊城斜堤的房屋一排。匈牙利的軍隊的輭弱和淩亂的進攻，結果是被打敗；在議和的時候，舊城的一部分舉了降旗，別的一部分動搖驚慌，學生軍的殘餘則準備着新的增援，於是帝國的軍隊，利用着一般的混亂，就闖進了和佔領了舊城。

這個勝利的直接結果是：宣布戒嚴，以後就是暴行和殺戮，斯拉夫的盜匪式的軍隊，自由的和空前的焚掠維也納；這是大家都知道的，無庸在此敘述。這勝利的最終結果是：維也納革命的失敗使德國的事情完全走到一新的方向，我們在以後將要講到。關於維也納的陷落，還有兩點要講的，就是該京城的人民從前有兩個聯盟者，匈牙利人和德國人，在這次危機的時候，他們在那裏呢？

我們已看見維也納人抱着一種新解放出來的人民的義氣，起來爲解放事業而爭鬥，這件事業雖然最終是爲他們自己的，在起初都是爲的匈牙利人，他們

維也納的陷落

不忍見奧地利軍隊開往進攻匈牙利，甯願自己親受這些軍隊的第一次的最慘酷的打擊。當他們如此偉大的出來援助他們的聯盟者的時候，匈牙利人卽戰勝了耶拿其其，追逐他到維也納。這樣，匈牙利人的勝利却增强了那攻打該城的武力。在這種情形之下，匈牙利人的明白的義務，應當是不可或緩的，用一切所有的力量，去援助維也納的革命，（不是維也納的議會，不是公安委員會，或維也納的其他公共機關，而是維也納的革命。）而且匈牙利卽使會忘記維也納曾經替匈牙利打了第一次的戰爭，她爲其自己安全的關係亦不應忘記，維也納是匈牙利獨立的唯一屏障，在維也納陷落之後，沒有人能抵抗帝國軍隊對她的進襲。我們是很知道匈牙利人所能說的和已經說的辯護維也納被圍困和陷落時代他們的消極的原因的：他們的武力不充足，聯邦議會和維也納其他公共機關，都不向他們請援，他們須謹守憲法，和避免與德國中央政權之糾紛。但是關於匈牙利軍隊的不充足一點，事實是如此：在維也納革命以後和耶拿其其將軍的將到維也納的最初數日，可以無需那樣的常備軍隊，因爲奧地利的常備軍隊還完全沒有集中，假使利用對耶拿其其的第一次勝利，乘勢進行勇敢的不懈的追擊，則不要旁的力量，祇消從前在希士爾懷森堡打過仗的地方衛軍即夠與維也納人實現一種夾攻，即夠使奧地利軍隊的集中延緩實現六個月。在戰爭中，尤其是在革命戰爭中，行動迅速以至於得着某種斷然的勝利，這是基本的規律，我們之敢不猶豫的如此說，不單是從軍事見地上。柏柴爾應當不停止的去追擊，以達到與維也納人夾攻的目的。在此自然冒着有點危險，但是能不冒一點危險即可以獲得勝仗嗎？開往討伐一千二百萬匈牙利人的武力，維也納人將他引到他們——僅僅十萬人的他們——的身上，他們未必一點危險也沒有冒罷？匈牙利人等與地利人已聯合起來，才在希維哈特（Schwechat）做一輭弱的示威，結果是——如他所值得受的——一不名譽之失敗，這樣所犯的軍事錯誤，自然比一個堅決的追擊耶拿其其的潰散的匪軍所冒的危險爲更多。

但是人們說：匈牙利人的此種進攻，除非爲正式機關所特許，就成爲侵犯德國的領土，會與法蘭克佛特的中央政權發生糾紛，尤其是這樣就放棄了成爲匈牙利立國優點的合法的和憲政的政策。然而維也納的正式機關已是完全無用了，我們要問的是聯邦議會或那些民主的委員會起來擁護過匈牙利嗎？不是維也納的人民而且祇有他們拿起武器爲了擁護匈牙利的獨立而第一次戰鬥犧牲嗎？問題不是在服從這一或那一正式機關；革命發展的進程，或者而且多半會將這一切機關推翻；唯一的問題是在革命運動的高漲，是在民衆行動自身的不斷的進展，祇有這樣才能救匈牙利於被人侵入。至於這一革命運動後來將取何形式的問題，則當着維也納和一般的德意志的奧地利一日還是匈牙利人的反對共同敵人的同盟者的時候，這是維也納人的事情，不是匈牙利人的事情。但是我們所要問的，匈牙利政府如此固執於得法律的允許，我們是否從此看出一種系統政策的第一次的明白的朕兆，即是處處他要以守法保衛自已，這樣，匈牙利的政府雖然沒有救了匈牙利，但至少在以後的時候，却能引起英國的中等階級社會的歡心。

至於藉口於有引起與法蘭克佛特的中央政府衝突的可能，這種理由是毫無用處。法蘭克佛特的統治者事實上是爲維也納的反革命的勝利所推翻了；假使維也納的革命而能得着充足的援助，擊敗其敵人，也是同樣的推翻了他們。最後的大理由是說匈牙利人不能拋棄法律和憲法的立場而行動，這種理由是可供英國自由貿易者之用的，在歷史的眼中看來，永遠是不夠的。假使維也納的人民在三月十三日和十月六日也遵守『合法的和憲法的手段』，那麼，從何處有匈牙利的『法律的和憲法的』運動和一切光榮的戰爭；第一次引起文明各國對於匈牙利的注意呢？那種法律的和憲法的立場，匈牙利人在一八四八年，一八四九年常常援引的，實在是崇維也納民衆三月十三日異常的不合法和不合憲法的暴動替他們爭來的。現在我們在此用不着討論匈牙利的革命史，但我們應當說，當敵人蔑視這些法律的具文，而我們宣言只用合法的手段，對抗他們，這是毫無用處的；我們再說，若不是這種永久的依據法律，爲哥爾該(Görgey)所攫取和利用以反對政府，那麼哥爾該的軍隊對其長官的服從和維拉哥士（Vill-agas）的可恥的屈服：也許是不可能。最後在一八四八年十月底，匈牙利人爲顧全其顏面，而越渡奈達河（Latta）這是否與任何直接的並堅決的進攻，一樣的不合法呢？

人人知道，我們之對於匈牙利素具同情。我們曾在鬥爭中擁護過他，我們也可以說我們的報紙新萊茵日報（註）比任何別家的報紙都盡力於在德國宣傳匈牙利的解放運動：解釋匈牙利人和斯拉夫種族間爭鬥的性質，在整批的論文中研究匈牙利的戰爭，這些論文很榮幸，他們的內容在以後爲論此問題的幾乎一切書籍所剽竊，匈牙利本國人的和『目擊者』的著作，都非例外。我們甚至在現在也可說，在將來的歐洲大陸的震動中，匈牙利也是德國的必要的而且天然的同盟者。但是我們對本國人既十分嚴厲，我們亦有權批評我們的鄰居；我們須用歷史家的公正無偏的態度紀載事實，於是我們必須說在這一件事情上，維也納人民的義氣與勇敢不僅比匈牙利政府的小心謹慎爲更偉大，而且比他爲更遠見些。我們可以德國人的資格說，討伐匈牙利戰爭中所有的顯赫的勝利和光榮的大戰都比不上維也納人的，即我們同胞的那種勃發的單獨的暴動和其英勇的抵抗，牠給了匈牙利以組織軍隊的時間，以後始能獲得這些偉大的勝利。

維也納的第二同盟者是德國人。但是他們和維也納人一樣，各處都從事於同樣的鬥爭。法蘭克佛特、巴登、科倫已剛被擊敗和解除武裝。柏林和布勒士勞(Bureslau)的人民和軍隊已拔劍欲鬥，每日都有公開的軍事衝突之可能。各地運動的中心地點情形都是如此。各地問題都是緊迫，祇有靠武力解決；當時大家才第一次的銳敏的感覺得德國相沿下來的分裂和不集權的致命的結果，每一國家的、每一省分的、每一城市的各種問題根本是同樣的問題；但在各地這些問題都是以不同的方式和不同的理由提出，而且各地的問題的成熟程度也是不齊。因此，雖然各地都感覺得維也納事變的偉大的吸力，然而沒有地方能施以利害的打擊，希望藉此予維也納人以援助，或藉此牽制他們的敵人；於是祇剩有法蘭克佛特的國民會議和中央政府，或對他們能有所援助，於是各方都對於這兩機關呼籲；但是他們做了些什麼呢？

法蘭克佛特的國民會議和他與舊的德國聯邦會相姦淫所產生的庶子即所謂中央政府，利用維也納的運動充分表示其懦弱無用。這一可鄙的會議如我們以前所看見的，早已失去其處女的貞操，雖然他還年少，他的頭髮業已班白，而且嫻熟於吹牛逢迎和外交等娼妓式的藝術；至於關於政權，以及關於德國的復興和統一的幻想和迷夢，則在初期這些曾浸入他們的胸中，現在除了一些條頓民族的拍啦的爛調每一次都熟誦一遍，和他們中間的每個議員都堅信自己是很重要，社會是老實易欺，除了這些外，其餘的一點也沒有留着。舊日的樸質之氣是去掉了，德國人民代議士現在是成了實際的人，這卽是說，他們發覺他們做得愈少，吹的愈多，他們的德國命運的仲裁者的地位愈爲安全。他們並不認他們的議會的辯論爲多事，恰恰相反。但是他們已經看出很多眞正的大問題，對於他們是在被禁止討論之列，這些問題他們祇有不管，而他們在那裏如東羅馬帝國的一隊拜贊庭（Byzantine）的醫生們一樣，以尊嚴勤奮的態度——這種態度正値得最後波及他們的命運的報酬——討論一些早就在文明世界的各處都已解決了的理論的教條，或者討論一些纖細的實際問題，從未得到一點實際結果的。因此，國民會議變成了一種蘭克斯特利亞（Lancastria）學校；議員在裏面互相教習，而且他們自視不凡，相信他們所做的已經超過了德國人民所應有的希望；德國人民凡有厚顏要求他們得到一點結果的，他們均視之爲大逆不道的國家叛賊。

當維也納的暴動爆發時，在國民會議中頗引起了一大堆的質問、辯論、動議和修正案，這一切自然沒有得出什麽結果。中央政府準備干涉，派兩名大員，一個是前自由派的威爾克爾，一個是摩斯勒（Mosle）馳往維也納。這兩個聲名狼藉的代表德國統一的武士，其英勇的事績和其奇異的冒險與鄧基侯和三柯潘查（Sancho-Panza）的遊歷相比，都是阿迪塞（Odyssey）的資料。因爲他們不敢到維也納，於是溫狄希格萊慈恫嚇他們，白痴的皇上看着他們驚異，而內閣閣員史達迪安（Stadion）厚顏的嘲弄他們。他們的通信和報告，恐係法蘭克佛特記錄中之唯一能在德國文學中佔一地位的部分；他是完全的一種諷刺小說，和一種法蘭克佛特國民會議和其政府的恥辱的永久紀念碑。

國民會議的左翼也派了兩名委員弗羅貝爾（Froebel）和布魯木（Robert Blum）到維也納，以便在該地維持人民對於左派的信仰。當危險迫近時，布魯木很正確的斷定，德國革命的大決戰將要在此舉行，而且不躊躇的爲了主義犧牲了他的生命。弗羅貝爾則相反，據他的意見，他應當保全他的性命以担負法蘭克弗特的他的職務中的重要義務。布魯木是人所公認爲法蘭克佛特國民會議中最擅演說技能的第一人，是最有名望的。他的雄辯是不能使一個富有經驗的國會滿意；他太喜一種德國非國教派的宣教師的淺薄的激烈言詞。他的意見一方面缺乏哲學的明敏，一方面不熟諳實際的事實。他在政治上是主張溫和的民主主義，一種頗爲空泛的東西，但他之擁護此種主義，正是因其缺乏明確的原則爲內容的關係。雖然如此，布魯木天性上仍是一個純然的平民，雖然帶一點光澤，而在緊急的關頭，他的平民的直覺和平民的精力能戰勝他的原則上的空泛，即戰勝了他的政治上的知識和見解之無果斷。在此等時機，他之高舉自己頗能超過他的原來的材能的一般水平線。

由此，在維也納，他一瞬的看見了他的國家的命運是在此地決定而不是在法蘭克佛特的漂亮的雄辯裏。他立刻的下了決心，放棄一切退却的思想，担任了革命武力中的指揮，行動得異常之鎮靜和堅決。正是他在長的時間阻止了該

維也納的陷落

城之佔領，正是他以焚燒多瑙河上的太波(Tabor)橋的方法保護着了城之一面沒有被人進攻。人人都知道在城陷落以後，他爲何被捕，爲軍法審訊和槍斃。他在就義時，有如英雄，而法蘭克佛特的國民會議，雖大爲震駭，却以表面和氣的態度接受這種血淋淋的侮辱；他們通過了一個決議，這個決議由其辭令之溫和外交而有禮看來，與其說他是奧地利可恥的汚點，不如說他更是對殉難的烈士的墳墓的侮辱。我們原來就不希望此種可鄙的會議肯因他的一個議員被暗殺而憤怒，何況他是左翼的一個領袖。

——載於一八五二年四月九日之講壇報

註　新萊因日報　一八四八年革命後，馬克思由巴黎回至德國，暫時的住在科倫，創辦了此報紙，雖然新萊因日報從未宣傳過共產主義的計畫(多蓀先生則說宣傳過)，他却使政府晝夜不安。反動派和自由主義者一致的攻擊『該報』，特別是在馬克思的光明的擁護巴黎的六月暴動以後。科倫於宣告戒嚴時，該報被強迫停刊六星期——重新出時，比從前名譽更好銷路更增。十一月的普魯士政變後，該報於每日用頭號字登出檄文，號召人民拒絕納稅和以暴力對待暴力。爲此檄文及爲此論文，該報曾被檢查官兩次檢舉。第一次被告者爲馬克思、恩格斯、哥爾夫；第二次而且是更重要的一次的審訊，被告爲馬克思、夏波爾（Schapper）和西萊德爾。被告者被控爲有『煽惑人民武裝抵抗政府及其官吏』之罪。主要的是馬克思担任辯護，他做了很好的一篇演說。『馬克思（在這篇演說中）沒有用演說家的詞藻；他祇是單刀直入，其在結尾時，對於政治狀況作概括的叙述，人家想着，這是馬克思對於陪審法官致一篇政治訓辭。眞正的，審訊終了以後，一個法官走向馬克思前面，代表他的同事感謝馬克思對於他們作了這一有意義的演說』（見柏恩斯坦的著作拉薩勒。）陪審法庭一致通過決定被告無罪釋放。馬克思主編的新萊因報中有名的編輯有恩格斯、威廉·烏爾夫、拉薩勒、威爾士（Werth）；佛萊利格拉督爲該新聞作最好的革命詩，其中最偉大的一首恐怕要算『萊因新聞的告別辭』，在一八四九年之五月十九日該報的最後一期——被封禁的一期——登出，用紅色鉛印。

『燦爛的王冠最後和玻璃杯一樣的容易擊碎

維也納的陷落

在這麼世上啊，我們怨恨已經沸騰了；
看啊！人民都起來了，他們是最不畏罪，
看啊！那時候在你們的旁邊，我將百折不回。
在萊因和多腦，你們將看見一個叛逆
他的一切的一切都忠實於他的主義；
在皇位的廢址上和在自由人民的中間啊！
他們將向你們慶祝，高喊萬歲！」

一三

立憲會議在柏林之完結

一八五二年三月於倫敦

十一月一日維也納陷落，同月九日，立憲會議被解散於柏林，這指示出這一事變立刻的影響到全德國的反革命黨，提高了他們的精神和力量到了何種程度。

一八四八年夏季的普魯士的事變是很快的可以敘述的。立憲會議，或者更正確的說，『爲與國王協定一個憲法而被選舉出的會議』以及他內部的代表中等階級利益的多數議員，爲害怕民衆中更激烈的分子而和宮庭勾結，進行種種陰謀，早已失去公衆對他的信仰。他們早已批准了，或者更正確些，恢復了，所共惡的封建制度的特權，因此叛賣了農民的自由和利益。他們既不能起草憲法，又不能對一般的立法加以修正。他們幾乎專門注意討論纖細的理論的定義，單純的形式問題，或憲法儀節之爭。我們與其說該議會是一個爲人民所關心的團體，不如說他是講究國會儀式生活的學校。尤有甚者，議會中三派勢力的均衡是很巧妙的維持着，多數的通過幾於永遠是靠搖動的中央派來決定，他們從右到左和從左到右的搖擺，始而推翻了坎蒲好生內閣，繼而推翻了奥而斯瓦爾德（Auerswald）和漢忍曼內閣。但是當自由主義者，在此如在別處一樣，如此的坐失時機的時候，宮庭則整頓集合他在貴族中，在最不開化的農村人口中以及在軍隊和官僚中的各部分的實力。在漢忍曼的內閣傾覆以後，一個官僚與軍人的內閣成立（他們都是强悍的反動派，）表面上仍對國會的要求讓步；而

立憲會議在柏林之完結

立憲會議則抱『觀其政不觀其人』的方便原則，直被戀弃至於慶祝該內閣，當然他們的眼睛沒有看見該內閣幾乎是公開的組織和集中反革命的武裝勢力。最後維也納陷落的消息給了一個信號，國王免去他的內閣之職，另行任命『實際行動的人』代替，由現在的國務總理曼託菲爾(Manteufel)來領導。於是醉夢的立憲會議立刻的覺醒出危險之所在，他通過一對內閣的不信任案，政府馬上就用一道命令答覆他，着該會議由柏林遷移到布蘭登堡格(Brandenburg)，因為在柏林如有衝突，他可期望民衆的擁護，而布蘭登堡格是一個省內的小城市，完全倚賴着政府。然而立憲會議宣稱除得自己的同意外，他不能延會，不能遷移或解散。在此期間，蘭格爾(Wrangle)將軍督率着四萬之衆的軍隊進了柏林。城市的當局和國民衛軍的會議，議決對他不要抵抗。而立憲會議和擁護立憲會議的自由主義資產階級既已放任了反動黨的聯合勢力佔領了各個重要地位和從他們(自由資產階級)的手中奪去了幾乎一切的防衛武器，現在，在此以後，他們開始一種『消極的和合法的抵抗』的大滑稽劇，希望模仿光榮的漢蒲登（Hampden）的先例（註）和美國人獨立戰爭中的最初步驟。柏林宣告戒嚴，而柏林終於平靜無事；政府解散了國民衛軍，而國民衛軍遵守着最準確的時間交付武器。立憲會議的集會在兩禮拜內被人從一處驅逐到另一處，每處都爲軍隊所解散，而議員依然向公民哀求嚴守秩序。最後，當政府宣告解散該會議的時候，立憲會議就通過一決議，宣告政府的徵稅爲違法，議員們散往全國的四方，作抗稅的組織。但他們在選擇爭鬥方法時是可憐的陷於錯誤。在幾個激昂的星期以後，繼之以政府用嚴厲的手段對待反對派，於是每個人都放棄了那種作抗稅運動爲取悅於已死的和連自衞的勇氣也沒有的立憲會議的思想。

是否在一八四八年的十一月初，武裝抵抗的企圖已經太遲，或者，是否一部分軍隊如果遇着到利害的抵抗，會倒戈到立憲會議一方面，因此會使大事有利於立憲會議，這是一個永遠不能解答的問題。但是在革命中或在戰爭中一

立憲會議在柏林之完結

樣，應當永遠對敵人作堅强的抵抗，讓進攻的誰佔便宜；而在革命中如在戰爭中一樣，最要緊的是在最後的時機中，無論勝負的機運如何，要以一切作孤注的一擲。歷史上沒有一個成功的革命不證明這些事理的眞確的。現在說普魯士的革命，他的最後的時機在一八四八年十一月已經到來；立憲會議名義上是領導着整個革命運動，旣未對敵人作堅强的抵抗，因爲敵人每步進展時，他步步退讓；他更沒有進攻，因爲他甯願自己防衛也不防衛；而當最後時機到來時，當蘭格爾督率四萬之衆，叩柏林之城門時，完全不是他和他的軍官所堅決相信的，會看見每條街上都塞滿障碍物，每個窗戶上都安設着槍眼，他（蘭格爾）只看見城門大開，街上是爲和平的市民所擠滿，他們（市民）在那裏快樂，因爲他們對蘭格爾開了一個玩笑；卽是他們不唯不抵抗他，反將他們自己的手足束縛着，献交於驚疑的兵士們。不錯，假使立憲會議和人民決定抵抗，他們也許會被擊敗，柏林或須被礮轟，或須損失數千人的性命，終不能阻止保皇後勝利。但這不是他們應放下他們的武器的理由。在頑强的戰鬥之後而遭的失敗，其革命的意義不亞於一個輕易獲得的勝利。一八四八年六月巴黎暴動的失敗，維也納的十月失敗，在使此二城市人民心理革命化的一點，其意義比三月的勝利還大得多。或者立憲會議和柏林人民，會與以上所說的二城市（巴黎、維也納）同一命運，但他們是光榮的失敗的，在他們後繼者的胸中留下復仇的志願，此在革命時代是堅決熱烈行動的一最大的刺激劑，不錯，在每個鬥爭中，凡應戰的，有被擊敗之虞；但是這未必是他在未拔刀相迎之時，應認自己爲擊敗和由此屈服於壓迫之下的理由。

在一個革命中，誰佔着堅決的地位，而將牠出讓，不去以進攻逼迫着敵人一試身手，這種人絕對的值得被人視爲叛賊。

普魯士王解散立憲會議的同一命令，同時公布一新憲法，係以立憲會議之委員會起草的草案作基礎，有幾點擴大了皇室的權限，在別幾點削減了國會的權能。此憲法主張兩院制，準備速召集這兩院以通過和修正該憲法。

我們用不着問，在普魯士的立憲主義者進行其合法的和平的爭鬥的時候，德國國民會議是在何處。他是照舊的在法蘭克佛特，從事於通過柔順的決議，反對普魯士政府的行動，和贊美『全民一致的反對暴力的消極的合法的抵抗之洋洋大觀。』中央政府派大員往柏林調解內閣與立憲會議。但他們也和從前在阿爾孟慈的調停者同一命運，他們被人客氣的送出來了。國民會議的左翼即所謂急進黨也派遣委員；但是在他們相當的確信柏林立憲會議的形勢完全沒有希望，和承認自己也是同樣的無力以後，他們回到法蘭克佛特報告情形，報告所目擊的柏林人民的可驚羨的和平的行動。但還不止此，當巴塞爾曼（Basserman）先生，即中央政府特派大員之一，報告說普魯士內閣最近的嚴厲手段非無理由，因為最近柏林街上發現有很多面貌兇惡的人們游蕩，這常是無政府運動的先兆等語的時候，這些尊貴的左派代議士和革命運動的有力代表們真正的起立宣誓，說這是不實在的！

由此，兩個月內，法蘭克佛特的國民會議的十分的輭弱無能，至此得了充足的表現。沒有比這更顯著的證明，說這機關完全不能肩負他的重任；不但如此，他連自己的重任是些什麼，簡直還沒有一點了解。這件事實，即是革命的命運在維也納和柏林得到解決，最重要而最緊急的問題在這兩個首都中處理了，法蘭克佛特的國民會議存在與否的問題，他們一點也不放在意裏，單只這件事實，已足夠說明這一個機關只是一個辯論俱樂部，內有一批頭腦簡單之徒，任政府利用他們作議會的傀儡，裝出來以娛悅那些小國以及小城市的小資產階級，只要政府還認爲有轉移人們視線的此種必要的時候。他們認爲此必要應當到什麼時候，我們很快的會看見。但這是值得人注意的事實，這會議中『重要』的人物沒有一個有一絲一毫的感覺，人家要他們串戲的是什麼角色，而且直到現在，這些前任的法蘭克佛特俱樂部的議員們還依然未變的保存着他們

立憲會議在柏林的完結

所獨有的歷史感覺器官。

——載於一八五二年，四月，十七日之講壇報

註　漢蒲登是十七世紀三四十年間英國下議院反對派領袖之一，主張拒納下議院所未批准的捐稅。查理一世率數百兵士入下議院，準備逮捕反對派的領袖（漢蒲登亦在內），爲議院所反抗。這種對國會之侵犯引起國內各地的憤怒，於是議員與查理一世之決裂。變成公開的戰爭，結果成立了由克林威爾作領袖的共和國。——譯者

一四

一八四九年的開始

一八五二年四月於倫敦

奧地利與普魯士政府利用一八四九年之最初數月，以推廣他們在一八四八年十月及十一月所獲的勝利。奧地利的議會自維也納被佔領後，祗是在摩納維亞鄉下的一小城克勒門塞（Kremsir）繼續其名義上的生存。在此地，斯拉夫族的代議士，從前與其選舉人會對奧地利政府盡了主要的援助力量將他從匍匐的狀況扶起的，此時在克勒門塞得到了他們背叛歐洲的革命的最適當的報應。

等政府一恢復其力量，牠卽對會議和其斯拉夫族之多數都表示最輕視的態度，當着帝國軍隊的最初幾次勝利可望對匈牙利的戰爭早日結束的時候，他(政府)於三月四日解散議會，用武力將議員等驅散。於是斯拉夫族的議員這才看到他們是受了欺騙，於是他們狂叫道：『這裏我們既不能進行反對派的活動，我們到法蘭克佛特進行去！』然而這是太遲了，而他們除了不反抗外，就祇有參加輭弱無能的法蘭克佛特的國民會議，此外沒有別的選擇，單是這件事實，已足夠證明這些人之充分的懦弱無能。

德國內的斯拉夫人的恢復一個獨立的民族的生存的企圖，此時是這樣的完結，而且多半將永久是這樣的完結。這些衆多民族的殘餘，散處於各地，其民族性與其政治的活氣久已消亡，結果，他們在幾乎一千年的期內，不得不尾隨着一强大的民族，卽他們的征服者，步其後塵，如像英國之威爾士人、西班牙的巴斯克人(Basques)、法蘭西的巴布列頓人(Bas-Bretons)以及在最近一時期內在現爲英美人種所據的北美洲的數部分的西班牙和法蘭西的克里歐人(Crieoles）這些死亡的民族波希米亞人、加林推安人(Carinthians)、達爾馬希亞人等等，會圖利用一八四八年的普遍的大混亂，以恢復紀元前八百年的他們的政治地位。一千年的歷史應當指示他們看，這樣的一種開倒車是不可能；而假使易比和薩爾以東的一切地域在某時候曾爲血族相關的斯拉夫人所佔據，這件事實只是證明一種歷史的趨勢，即德意志民族的體力和智力能夠征服，吸收和同化其昔日的東方鄰居；而此種德意志民族的同化力在從前和即在當時都是强有力的一個輸運西歐的文明到東歐的媒介；這種媒介作用的停止祇有在德意志民族化的行程走到一個大而緊密的民族的邊界的時候，此種民族，如匈牙利人：如在某種程度內之波蘭人，他們能過一種獨立的民族生活，所以這死亡民族的自然的和必然的命運祇有任他們的强鄰完成將他們融解和同化的行程。自然，對於一些大斯拉夫主義的夢想家的民族野心，這不是十分光榮的前途，他們在一部分波希米亞人和南斯拉夫人間的鼓動很有成功；但他們能希望歷史倒退一千年以迎合少數人的願望嗎？這些人民在其所居區域的各部分都爲德國人所包圍或與德人錯綜雜處，幾乎從不可知的年代起，除了德國文字外，沒有別種文字供各種文化之需用，而且他們首先就缺乏民族生存的真正條件：卽人數衆多和地域密接。

由此，大斯拉夫主義的暴動在德國的和匈牙利的各處斯拉夫人區域，都是隱藏着一種使這些無數的小民族恢復獨立的動機，在他們的後面這些暴動在各處都與歐洲的革命運動發生衝突，斯拉夫雖然表面上是爲爭自由而奮鬥，實際除了波蘭人的一部分民主派外，他們都站在專制主義和反動一方面。此在德國如此，匈牙利如此，甚至在土耳其的這裏那裏，亦是此種情形。他們是民衆的主義的叛賊，是奧地利政府的陰謀的擁護者，和其主要的台柱，在一切革命的民衆的眼中，他們是處於一種非人的地位。雖然各地的人民羣衆都沒有參加這些大斯拉夫主義領袖所引起的關於民族問題的紛爭，因爲他們還是太無知識，然而我們當永不忘記在布拉格，即德人佔半數的城市，幾羣斯拉夫的狂妄之徒歡壽的呼喊口號說：『甯願受俄國的鞭笞，不願享德國的自由。』在他們的一八四八年第一次的活動被燕發之後，在奧地利政府給了他教訓之後，或者他們在下次機會發生時，不會有此種企圖，但是他們如在以後仍假藉相似的理由，去與反革命勢力聯合，則德國的義務是很明瞭的。沒有一個在革命狀態的和捲入對外戰爭的國家能允許一個凡德省（Vendée）近在他的腹心。（註）

至於皇帝在與解散議會同時頒布的憲法，我們無需論及他，因其實際上從來沒有存在過，而且現在已完全取消。專制主義在奧地利從一八四九年三月四日以來在各方面都重新恢復。

在普魯士，議會的兩院於二月集會，以修改和批准國王所頒布的新憲法。他們集會六星期，其對政府之行動，十分謙恭和順，然而他們還不能十分的合國王及其閣員的意和完全依照他們的命令做。所以在適當時機一到來時，兩院都被解散。

這樣，奧地利和普魯士一時都除掉了國會監督的羈絆。這些政府可以集中一切權力於他們之手，可以在任何地方行使那種權力如他們所需要的程度：奧地利之對於匈牙利和意大利普魯士之對於德國。因爲普魯士也準備着一種討伐，使各小國的『秩序』恢復。

反革命勢力既在德國運動的兩大中心——維也納與柏林——大獲全勝，所餘者祇是一些小邦的鬥爭還未決定，雖然在那些地方的力量的優勢一天一天的傾向於反對革命運動一方面。我們已說過，這些小國在法蘭克佛特的國民會議身上建立了一個共同的中心。而這個所謂國民會議雖然其反動精神早就鮮明，以至於連法蘭克佛特的人民都起來暴動反對牠，但是他的來源還多少帶着革命性；牠在一月時所表示的是一種變態的、革命的態度；牠的權限從未明確規定，牠最後才得決定——然而從來未爲諸大國所承認——牠的決議有法律的効力。在這些情形之下，君主立憲黨看見了他們的地位由於專制主義者勢力恢復而轉變爲有利，全德國的自由主義帝制派的資產階級則寄託其最後的希望於該國民會議的多數，正如其餘的小資產階級．即民主黨的核心——因其貧困的增加，集合於該機關的少數的周圍，這些少數構成會議中的民主主義的最後的堅固的聯盟。另一方面，大國的政府，特別的是普魯士的閣，看見這樣一個不規則的選舉機關與德國已恢復的帝制制度一天一天的不能相容，假使他們沒有立刻的勒令解散他，那祇是因爲時機尙未到來；而且因爲普魯士最初還尙希望利用牠供自己的野心之一試。

在此期間，這可憐的國民會議，一天一天的自己就陷于更混亂。維也納和柏林的政府對於他的代表團和特派員異常的輕視；牠中間的一個議員，雖有國會議員之不可侵權，也在維也納和普通叛徒一樣的被處死刑。牠的法令各處都置之不理，假使有些大國對牠注意一下，那祗是在抗議文中說及，否認國民會議有權通過法律和通過約束政府的諸決議。國民會議的代表機關即中央政府，和幾乎全德國各邦的內閣都發生外交的吵鬧，不管國民會議和中央政府的努力如何，他們都不能令奧地利和普魯士宣布眞正的政見，計畫和要求。最後該會議才看清楚，至少是到現在，牠失去了一切權力，牠是俯仰聽命於奧地利與普魯士，假使牠想替德國製造一聯邦的憲法，牠應立刻的認眞進行工作。許多動搖的議員也看清楚了，他們受了各邦政府的欺騙。但是他們處於他們那種輭弱無能的地位，能夠做什麼呢？唯一的能夠挽救他們的事情，就是立刻的斷然的投到民衆的陣營裏面；即使辦到這一步，成功如何，也是成爲疑問的；但是在這一羣怯懦、猶豫、短見自驕的動物中，當着永久不斷的矛盾的謠言和外交的通牒將他們嚇得失去神智，祗有永久的重複的聲明他們是本國的最優秀、最偉大最聰明的人物，祗有他們能救德國，當他們祗有靠重複這些語句以求得他們唯一的安慰和援助的時候，這些可憐的怪物，過了單祇一年的國會生活，已完全的變成了白痴；我們要問，在這些人中間，那裏有人贊成堅决的和迅速的果斷，遑論勇敢和一貫的行動呢？

奧地利政府終於取掉了他的假面具。在他的三月四日的憲法，他宣告奧地利爲一單一不可分的君主專制國，財政統一、關稅統一、軍隊統一，因此消除了其內部的德意志行省與非德意志行省中間的牆壁和障礙。這樣的一個宣告是對着法蘭克佛特國民會議所已通過的决議和準備作爲聯邦憲法的條文而發的。這是奧地利對國民會議的挑戰的宣告，這可憐的會議，沒有別的選擇，祇有迫而應戰。牠應戰了，說了一大堆的大話，奧地利則感覺得自己是有權力的，該會議是完全無用的，對於這些大言置之不理。而這個自稱的寶貴的德國人民的代議機關爲要對奧地利的侮辱復仇，看見在他前面沒有別的方法，祇有自縛手足跪在普魯士的政府之前，這好像是人家不能相信的，即牠眞正的跪在那些牠從前堅執要求撤換而無效的內閣閣員之前，此種可恥的行動的詳細的情形和以後的悲喜事變，將在我們下次的信中敘述。

——載於一八五二年四月二十四之講壇報

註 凡德（Vendee）是法國西南部之州名，西濱大西洋，其他三面則爲河川山嶽所阻，因其外界隔絕，所以在一七九三年至一七九四年大革命時代，仍保有極濃的封建關係，因此之故，王黨的亡命貴族、士官、教士們，都據在此地，煽動農民，對革命作最後的抵抗。——譯者

一五

德國帝國憲法之製定與對皇帝之喜劇

一八二五年七月於倫敦

我們講到了德國革命史之最後一章，國民會議與各邦（特別是普魯士）政府的衝突；南德意志與西德意志的暴動及其終於爲普魯士所壓平。

我們已經看見了法蘭克佛特的國民會議是怎樣的進行工作，我們看見了他爲奧地利所足踢，爲普魯士所侮辱，一些小邦對於牠不服從，牠自己產生的輭弱的中央『政府』也對他欺負，正如國內各邦諸候之欺負這個『政府』。但是事情對於這一個輭弱動搖和冥頑的立法機關，終於變成很嚴重。牠不得不得出結論，即『莊嚴神聖的德國統一思想，在實行的時候，遇着了障碍，』這句話的意思，不多不少是說法蘭克佛特的會議，以及一切牠已經做了的和準備着做的，都多半會變成泡影。於是，牠認眞的開始工作，以便於極短期內產生牠的莊嚴的作品『帝國憲法』。然而在此有一個困難，即是執行機關的政府，將來採取何種形式？一個政務會議嗎？不能，照他們的聰明的想法，這未免是想將德國變爲一個共和國。一個總統嗎？這也是一樣的結果。這樣，他們必須使舊的皇位尊嚴復活。自然皇帝當由一個諸侯來充當，但這個諸侯應當是誰？自然也不是從勒斯（Reuss）希萊慈（Schleitz）格萊慈（Greitz）羅本希太恩（Lobenstein）愛貝斯多爾弗（Ebersdorf）直到巴維利亞（Bavaria），任意從這些羣小諸侯中挑選一個，此非奧地利或普魯士政府所能忍受，祇有奧地利或者普魯士。但是這兩個中間是那一個呢？沒有疑問的，即是說，假使在別種的順利的情勢之下，這個莊嚴的集會，專門爲討論這一個重要的難題，一定討論到現在還得不到一個解決，假使不是奧地利的政府一刀斬斷了這些葛藤，免掉了他們的這種麻煩。

奧地利知道得很清楚，假使他能征服了他的一切行省，在歐洲之前重爲一大强國，則依照政治的重心吸力的原則，德國的其他部分自然會跟着他跑，用不着由法蘭克佛特的會議給他幫助，授他以一個皇冠，及由此皇冠所生的權力。奧地利自從脫卸了德國帝國的無權的皇冠以後，牠感覺得他是更强有力和更自由些，因爲這個皇冠絲毫也不能增進他在德國以內和以外的力量，徒然妨碍他的獨立政策。假使奧地利不能在意大利和匈牙利維持其地位，那麼他在德國也自然是瓦解和滅亡，用不着起野心去重奪他在勢力强盛的時候即已失去的皇冠。因此，奧地利即刻的宣告反對任何帝國的恢復，明白的要求德國議會之復活，這是爲一八一五年條約所知道和承認的唯一的德國中央政府；而且他在一八四九年三月四日公布了憲法，這憲法沒有別的意義，牠只是宣告奧地利爲一單一不可分的集權和獨立的君主專制國，正是和法蘭克佛特的國民會議所要造成的那一個德國，完全不同。

這種公開的宣戰只是使法蘭克佛特的這些智者沒有別的辦法，祇有將奧地利從德國除外，由該國的其餘的部份，創造一種『下帝國』，即一個『小德國』，這個小德國的皇帝的龍袍雖小，牠應當披在普魯士國王陛下的肩上。我們應當回憶這是六年或八年以前的德國南部和中部的自由主義學者們所倡導的一種計畫之復活，他們於是將這種每況愈下的狀況視爲天賜良機，他們又重新提出他們的舊話，好像是拯救國家的最新的良方。

國民會議因此即刻在一八四九年的二三月終結了關於帝國憲法以及人權宣言和帝國選舉法的辯論，然而在有許多地方不得不作最矛盾的讓步，有時是對於保守黨或反動黨，有時是對於會議中的更急進的政黨。實在說來，該會議的領導作用從前是屬於右翼和右翼中的中派（保守派與反動派）的，現在是漸漸的，雖然慢慢的，移轉於左派卽移轉於該會議之民主主義的一邊。自從奧地利在德國被除外以後，他的議員仍坐在會議裏，仍有投票權，他們在該會議中的不負責任的態度也是幫助了該會內部的重心的變遷。這樣，早在二月底，左派中的中派和左派得到奧地利議員的投票之助，都得到了多數，而有幾天，奧地利的保守派議員忽然高興和右派在一齊投票的時候，他們又把重心挪移在另一方面。奧地利的議員想藉此種突兀的翻筋斗，使會議爲人所輕視，實則這是用不着的，民衆早就深信由法蘭克佛特的會議製出來的，都是十分的空虛無用的東西。我們很容易想像到，在此期間，在這樣的左跳與右躍的情形之下所製成憲法，是一個怎麼樣的樣本了。

會議中的左派——他自信是革命的德國的精英和光榮——完全醉心於這些很小的，可憐的和倚仗奧地利的政客們的善意或惡意（這些政客受其本國專制主義所致唆或代表專制主義的利益而行動）而得來的勝利。無論何時，假使一種與他們的不十分明確的原則有些微的接近主張，賴其稀薄的內容，得法蘭克佛特國民會議的通過的時候，這些民主主義者就宣告說他們拯救了國家和人民。這些可憐的心理軟弱的人們，在他們一生的微賤的生活中，很少習於什麼叫做勝利，他們認眞的相信他們的可憐的修正案，得到二三票的多數的通過，已可以變更歐洲的面目。他們自從他們的立法的活動開始以來，就比會議中任何一派深患了一種相信議會萬能的病症，這病症深入於這些不幸的可憐人的心裏，他們嚴肅的自信，整個的世界，其歷史與其將來，都由他們的會議機關的投票的多數來決定和受其支配，他們深爲榮幸，能在這一機關的議員中間，占得數席；而一切在議會的四壁之外所進行的事情，如戰爭、革命、修築鐵路、新大陸的殖民、加利弗尼亞的黃金發現、中美的運河、俄國的軍隊、以及其他的一切無論他們如何稍能影響人類的命運——但是這一切事情比起他們的可尊敬的議會在某個時候所集中全神討論的一個重要問題（無論是一個什麽問題）和由此所惹起的無限的事變，是不算什麽的。這樣，該會議中的民主黨，他們很有成效的私運了幾點他們視爲秘方的意見到帝國憲法裏，後來不得不擁護此法，雖然在重要的地方，該憲法是與他們所日常宣言的原則完全違背；而最後，當此種雜種的憲法完成，由牠的主要作者傳給整個民主黨的時候，民主黨就接受了這份遺產，出而擁護這個帝制的憲法，不惜反對當時宣言擁護自己的共和主義的原則的人。

但我們須得承認，這裏的矛盾，不過是表面的。帝國憲法的不明確，自相矛盾，和其不成熟性，正是這些民主主義者先生們的不成熟的混亂的互相衝突的政治思想的攝影。假使他們自己的說話和寫作——若是他們能寫作——不夠爲此事的證明；則他們的行動可供給這樣的證明，因爲明白的人判斷一個人，不是靠他的聲明，而是看他的行動；不是看他自稱爲一個什麽人，而是看他做的什麼和眞正是什麼，這些德國民主主義的英雄的事蹟說明他們是什麼人已是十分的明瞭，我們在以後更能逐漸的看到。

然而帝國的憲法同着牠的一切贅物和裝飾品，在三月二十八日，是確定的通過了，普魯士的國王以二百九十票的贊成對二百票的懷疑，和二百人的缺席被選爲德國（除去奧地利）的皇帝。

歷史的諷刺於此算是完全。關於皇帝的喜劇，在一八四八年三月十八日的革命的以後三日，在驚訝的柏林的街道上，由菲列得力威廉第四所排演的——在別種情形之下，人或認爲須受醉犯懲治法裁判的——這樣一個令人不快的滑稽劇，恰恰是在一年以後，爲這一自稱全德意志的代表會議所承認。這卽是德國革命的結果！

——載於一八五二年七月二十七日之《講壇報》

一六

擁護帝國憲法之開始

一八五二年七月於倫敦

法蘭克佛特的國民會議，於選舉普魯士王，爲德國（除去奧地利）皇帝之後，派了一代表團到柏林，授他以皇冠，並宣告會議休會。四月三日菲列得力威廉接見這些代表；他告訴他們，雖然他接受這由人民代表的投票所授與他的對德國的其他諸侯的僭先的權利，然而當他還不清楚其餘的諸侯是否擁戴其覇權的時候，他不能接受這皇冠和授與他這些權利的帝國憲法。他接着說應當讓德國的各邦政府去審查這個憲法是不是他們能夠批准的憲法。他最後說，無論如何，無論他是否皇帝，他是永遠執戈以待，準備反對無論外面或內面的敵人的；我們將看他如何實踐其約言，其實踐的方式是如何引起國民會議的驚異。

這些法蘭克佛特的聰明人，作了一番深刻的外交的研究之後，終於得到結論說，這個答覆的意思是拒絕接受皇冠。他們於是(四月十二日)決議：帝國憲法爲一國的大法，必須維持；他們因爲看不出在他們前面有什麼維持的方法，於是選舉了一個三十人的委員會，以預備種種關於如何使憲法實行的提議。

這一決議是引起法蘭克佛特國民會議和德國各邦政府的衝突在當時爆發的信號。中等階級，特別是小商業階級，都一齊立刻宣言擁護法蘭克佛特的憲法，他們再不能等候『革命完結』的日子。在奧地利與普魯士，革命是一時的爲武裝勢力的干涉所壓平了。這些中等階級當願用一種比較和平的方法去完結這個革命，但是他們沒有得着一個試驗的機會；這件事既然做了，只有儘可能的利用牠，他們立刻的這樣的決定，而且最英勇的執行這決定。在一些小邦，一些事情的進行是比較的平靜，中等階級早就祇能做一種議會的鼓動，這種鼓動表面上是燦爛，實際上是沒有結果，因爲牠沒有力量，但是牠最合於他們的精神。由此，德國的各邦，就其各個分開來看，似乎是已得到了一種新的而且具體的形式，都能從此走上平和的立憲的發展的道路。於此只有一個沒有解決的問題，即是全德聯邦的新的政治組織問題。固然這是包藏着危險的唯一的問題，但是必須立刻解決他。因此中等階級壓迫法蘭克佛特的國民會議使他能於極短期內製成憲法；因此，上層下層的資產階級都下決心準備承認和擁護這一憲法，無論牠是怎麼樣子，以便不延緩的造成一種穩定的局面。這樣，從一開始，擁護帝國憲法的鼓動是從一種反動的感情中發生，是從那些早就對革命表示疲倦的階級中間產生出來的。

但是此外還有另一種形勢。在一八四八年春季夏季的起初數月，當着民衆的鼓動還在得勢的時候，未來的德國憲法的主要點與基本原則已在那時就通過了。當時所通過的決議，雖然當時是完全反動的，現在呢，在奧地利和普魯士政府的專擅行動發生之後，這些決議變爲異常的自由主義性，甚至於帶民主主義性。因爲時移勢遷，測量的標準已經改變。法蘭克佛特的國民會議不能抹殺這些會經一次通過的條文，專門聽着奧地利普魯士政府（執着刀在手的）命令和照着此種命令制定帝國憲法，這樣就無異道德上的自殺。此外，如我們所已說過的，這一國民會議內部的多數已經改變，自由主義和民主黨的影響已經增高。因此，帝國的憲法的特色不僅是因爲他在表面上，是純然的人民方面的來源，而且同時他是全德國的最自由主義的憲法，雖然他充滿了矛盾。他的最大缺點卽是他祇是一張紙，沒有權力做這些條文的後盾。

在這些情形之下，這個所謂民主黨卽小商人羣衆，自然願意依附這帝國憲法。這一階級在其要求上，從前永遠是比較自由主義兼君主立憲的資產階級爲急進些；牠的表示從前也是較爲勇敢，牠常常主張要武裝抵抗；牠應允爲自由而爭鬥，願犧牲鮮血與生命，這樣的言辭牠非常之不吝惜，但是有很多的證據證明當危險發生之日，任何地方也找不着牠，而牠從沒有比在一個嚴厲失敗之後的一日更爲舒服，雖然一切都失掉，牠至少可以安慰自己說，無論如何，事情算是得到了解決。所以當着大銀行家、工業家、和商人之贊成憲法祇是淺淡的，對於法蘭克佛特的憲法祇是簡單的作一個贊成的表示的時候，在他們下面的一階級，我們的勇敢的民主主義的小商人，威武的出來，如平常一樣的宣告說他們甯願流血至最後一滴，不讓帝國憲法之墜地。

擁護帝國憲法之立刻的成立的運動，得到這兩個黨派之贊助，即擁護君主立憲的資產階級分子和多少帶民主主義的小商人，發展得很快；在幾個小邦的議會中最有力的表現出來。普魯士、漢諾浮、薩克森、巴登、烏爾頓堡的議會都宣言贊成憲法。各邦的政府和法蘭克佛特的國民會議間的爭鬥也嚴重和緊張起來。

然而各邦政府很迅速的行動起來。普魯士的議會爲政府所解散，這是不合憲法的，因爲他們須修改和批准憲法；柏林發生了騷動，這是政府故意的挑釁，在第二日卽四月二十八日，普魯士的內閣卽發出一個通告，認爲帝國憲法是最無政府的，最革命的文件，德國的各邦政府負有重新制定和除其垢汚之責。這樣，普魯士乾脆的拒絕承認在法蘭克佛特的聰明的先生們所常誇的而從未實現過的制憲與建國的主權。所以有一個各邦諸侯的會議之召集，和舊的聯邦會議之恢復，以評判那已被宣告爲法律的憲法。同時，普魯士集中軍隊於克魯士那赫(Kreuznach)，距法蘭克佛特三日可以開到的路程，並號召其他小國，效法他的榜樣，假使這些國家的議會亦表示服從法蘭克佛特的國民會議時，卽予以解散。漢諾浮與薩克森兩邦迅速的執行了此項辦法。

這是很顯然的，武力解決爲不可避免。政府的敵視，人民間的鼓動，是一

擁護帝國憲法運動之開始

天比一天的激昂。民主主義的公民到處向軍人宣傳，在德國南部頗有成功。各處都召集人民大會，通過決議擁護帝國憲法和國民會議，遇必要時，以武力爲後盾。萊因普魯士的一切市議會的代表開會於科倫，亦爲這同樣的問題。在帕勒丁酒特（Palatinati）、在柏爾根（Bergen）、佛爾達（Fulda）、在紐崙堡（Nuremdurg）和阿登瓦爾德（Odenwald），農民雲集如蟻，抱着很熱烈的精神。同時法國的立憲會議已被解散，新的選舉的準備是在熱烈的鼓動之下進行；在德國東方的邊境，匈牙利人已在一月之內，靠連續的勝利，將奥地利犯境的大軍從台斯（Theiss）打退到萊達（Leitha）每天都望他們進兵維也納城下。由此各方人民的幻想都達到最高點，而各邦政府的進攻的政策，亦逐日的明瞭，一個猛烈的衝突爲不可避免，祇有怯懦無用之人纔相信爭鬥可以和平的渡過。但是此種怯懦無能是在法蘭克佛特的國民會議中得到最强的表現。

——載於一八五二年八月十九日之講壇報

一七　民主主義者的執政

一八五二年八月於倫敦

法蘭克佛特的國民會議和德國的各邦政府之間的不可避免的衝突，在一八四九年五月初旬，爆發爲公開的戰鬥行動了，奧地利的議員爲他們的政府所召回，已脫離會議回家，除了少數的左黨或民主黨。許多保守黨的議員預見到事情將有變動，在他們的各邦政府命令他們退出會議以前早就溜開。由此，雖然除去我們前幾次通信所述的諸原因，加强了左派的影響，單祇是右派議員之離職。已足使該會議之原來的少數變爲多數。新的多數，他們從來沒有夢過能得到這樣的好運氣的，這回可以藉他們在反對派的坐席的關係來彌補舊的多數的以及帝國大佐的軟弱、無決斷、和偷安。現在忽然之間，他們出來代替舊日的多數派，他們現在要表示他們能幹什麽。自然，他們的事業是一種堅毅决斷和行動的事業。他們是德國的精英，很快能推動這帝國的老朽的大佐以及他的動搖的閣員前進，而假如這是不可能的時候，他們——這是毫無疑義的——可以行使人民的主權廢止這無能的政府，用一個强有力的不屈的執行機關，能獲得德國之解放的機關去代理他。這些可憐虫們！他們的統治——假使無人服從的統治可以稱爲統治——比他的前輩的統治還更是一滑稽的事情。

新的多數宣告說無論前途的一切障碍，帝國憲法必須執行，並且應立卽執行；在下月卽七月十五日人民當選舉新的國會代議士，而國會應於下一月卽八月十五日集會於法蘭克佛特。這是一個對那些未承認帝國憲法的國家的開戰宣言，這些國家中之最著的是普魯士、奧地利、巴維利亞，占德國人口之四分之三以上；他們馬上接受這宣戰書。普魯士和巴維利亞也召回由他們的區域內還到法蘭克佛特的代表，急忙的準備反對國民會議的軍事行動，同時另一方面，民主黨（在國會以外）的擁護帝國憲法和國民會議的示威日趨劇烈和勇猛　工人羣衆爲最極端的政黨的人們所領導，亦準備拿起武器奮鬥，雖然不是他們自己的解放事業，至少可以將德國的舊日的帝制的障碍廓清，離開他們的自己的目的更爲接近。在各處政府與人民都爲此問題拔劍相視；衝突之爆發爲不可避免；地雷是安放好了，祇要一點的星火就可以爆炸。薩克森的議會之解散，普魯士的後備隊之召集，政府對帝國憲法之公開抵抗，都是這些星火，他們落在地下，立刻之間，全國就火勢燎原。在德勒斯登（Dresden）民衆於五月四日勝利的佔領城市，驅逐了國王，同時一切鄰近區域，都派遣援軍，幫助暴動的民衆。在萊因普魯士和威斯特發利亞（Westphalia）後備軍拒絕了開拔，占領兵工廠，武裝了自己以擁護帝國憲法。在帕勒丁勒特，人民扣留巴維利亞政府官吏和公款，組織一防衛委員會將該省置於國民會議的保護之下。在烏爾顛堡，人民强迫國王承認帝國憲法，在巴登，軍隊與人民聯合，使大公爵不得不逃亡，和建立了一個省政府。在德國別處的人民，祇是等着國民會議的一聲堅决的信號，就武裝起來。聽國民會議的指揮。

國民會議雖然過去做了許多醜事，但是他的形勢，比起我們所能盼望的還要順利的多。德國的西半部已經爲擁護他而拿起武器；各地的軍隊都是動搖；小邦的軍隊是無疑的贊成這種運動。奧地利爲匈牙利的勝利的進攻所牽制；俄國（這是德國諸政府後備的力量）正忙着用盡他的一切力量去幫助奧地利抵制匈牙利的軍隊。所要征服的只是普魯士，加以該國所已有的對革命的同情，達到此種目的之可能，是無疑的存在的。一切都是視國民會議的行動如何而决定。

暴動是一種技術，完全和戰爭或別種事情一樣，須遵守幾個行動的規律，假如忽視此等規律，則忽視的那一黨一定會得到滅亡。那些規律是人們從其所處的環境及其所應付的各政黨的性質而得到的邏輯的推論，這些規律是如此簡單明白，一八四八年的短的經驗已可使德國人完全熟諳他們。第一不要玩弄暴動，除非你對於你的玩弄所發生的後果有完全的準備。暴動是包含着一些極不可知量的微分，此量的價值隨每日而變換；反對你的力量，有一切的組織、紀律和因襲的威權的優點，假使你不集中鉅大的力量對抗他，你就失敗和毀滅。第二暴動事業一開始，就要用極大的決心繼續行動，而且要處於進攻的地位。防禦是每個武裝暴動的死刑；他在與他的敵人較量以前，就已經失掉。當你的敵人的勢力分散的時候，你出其不意的襲擊他，準備新的勝利，雖然小一點，但是每天要有，保存着由第一次勝利的暴動所給你的士氣的高昂；奪取那些動搖的分子到你這方面來，他們永遠是跟着最强的衝動跑，永遠是找尋安穩的一方面；要在你的敵人能集合他們的反對你的力量以前壓迫他們後退；但頓(Danton)是直到現在的革命戰略的最偉大的領袖，我們引用他的話說『勇敢，勇敢，更加勇敢！』(De l'audace de l'audace, encore de l'audace)

法蘭克佛特的國民會議，若要避免那威脅着他的一種滅亡應當怎樣的做呢？第一，洞察清楚形勢，而且自己要堅信或者無條件屈服於各邦政府，或者無保留的，不躊躇的贊成武裝暴動，除此之外，並無第三辦法。第二，應當公開承認一切已經爆發的暴動，並且號召人民在各地拿起武裝來擁護國家的代議機關，宣布一切諸侯，閣員及其他人凡敢於反對人民主權所在的代議機關的，都是叛逆。第三，應立刻廢去帝國的大佐，應建立一强有力的積極的和無忌憚的執行機關，號召叛變的軍隊到法蘭克佛特來直接拱衛，且同時給予此種暴動一種法律上的名義，使其更易於擴大，而且組織一切可供牠支配的力量為一强固集團，總之，應迅速的不猶豫的利用一切所能及的方法以强固自己的地位和削弱敵人的地位。

法蘭克佛特的國民會議的有德的民主主義者所做的，正是與以上我們所主張的相反。這些先生們不願意聽事變之自然發展，他們甚至去用他們的反對的力量壓倒了一切正在準備的暴動計畫。例如卡爾•佛谷特（Karl Vogt）之在紐倫堡（Nuremberg）。薩克森的，萊因普魯士的，威斯特發利亞的暴動，他們讓其被鎮壓下去，沒有別的幫助，祇有事後的一個感情的抗議反對普魯士政府的感覺麻木的暴行。他們與德國南方的暴動維持一種秘密的外交關係，但是永久沒有用公開的承認去援助他。他們知道帝國的大佐是左袒各邦政府，然而他們要求他——他從來動也未動——反對這些政府的陰謀。帝國的閣員，老保守黨，在每次會議中都嘲笑這軟弱無能的議會，而他們忍受了他。當威廉•烏爾夫（註）一個西里西亞的議員，新萊因新聞的編輯：要求他們宣布帝國的大佐為叛逆，因為他（如烏爾夫所正確指出的）是帝國的第一個和最大的叛賊，烏爾夫被這些民主的革命黨一致的憤怒所閧下台了。總而言之，他們繼續的演說、抗議、宣言、宣告，但從無識見和勇處去行動，而同時各邦政府的敵軍，逐日的逼近，他們自己的行政首領，帝國的大佐，正忙於與德國的各諸侯進行陰謀以加速他們的傾覆。由此，這個可輕視的國民會議，連最後一滴的考慮能力都失去了；暴動者從前起來擁護他的，現在也不注意及他，而最後他到了可恥的完結的時候，如我們將要敘述的，他死的時候，沒有一個人注意他的不光榮的退出舞臺。

——載於一八五二年九月十八日之講壇報

註 此地所說的烏爾夫是威廉·烏爾夫，即馬克思、恩格斯所敬愛的好友，與該時代運動中的許多別的烏爾夫不同。馬克思在資本論第一卷所致獻的，正是這一位西里西亞的農民。

『獻給

民主主義者的執政

我的永不能忘記的朋友，
他是無產階級前鋒中的，
勇敢的、眞實的、偉大的戰士
——威廉·烏爾夫——

一八〇九年六月二十一日生於托爾勞，一八六四年五月九日（時在追放時代）死於曼徹斯特。」

一八

擁護帝國憲法之鬥爭

於倫敦（無日期）

我們在前一次的通信中已經指出德國各邦政府和法蘭克佛特的國民會議間的鬥爭，最後非常地激烈，引起了五月初旬德國各地大部份公開的起來暴動；最初在德勒斯登，繼又在巴維利亞的拍拉丁拉特，和一部份的萊因普魯士，最末在巴登。

在這一切的場合中，暴動者的眞正戰鬥的部隊，最初拿起武器和軍隊作戰的，都是城市的工人羣衆。一部份的鄉村的貧民、勞動者和小農，一般都是於衝突發生後才參加。一切在資產階級下面的各階級的大羣青年，至少在一個短時期內是加入在暴動者的隊伍中間，但是這些混雜的青年羣衆的隊伍，在事變轉爲帶幾分險惡的徵象的時候，就很快地變爲稀薄。特別是學生，那些自命爲『智慧的代表者』——如他們愛這樣稱呼自己的，除了一部份被陞用爲長官（當然他們是毫無這種資格）暫時的留着以外，其餘的則是最先放棄旗幟而逃去的。

工人階級之參加暴動，如他們在任何別的一次一樣，因爲他希望暴動或者能掃除他走向奪取政權或社會革命的障礙；或者至少能強制住那些勢力較大勇氣較小的其他社會階級，而進行比他們自己向來所能夠的更堅決和更革命的路線。工人階級仍然拿起武器，雖然他充分了解這個鬥爭，就其直接的結果而言，不是他們自己的鬥爭；但是，他進行他唯一的正確策略，即是不讓那起來騎在他頸上去了的階級（如一八四八年的資產階級已經做過了的）能夠鞏固他的階級政權，假使他們對工人階級不開放一個至少可以爲他（工人階級）自己的利益作鬥爭的自由的園地。無論如何，工人階級要盡力使事態達到一種危機，由這種危機，或者這一國家是堅決的不可抵抗的走上革命的道路，或者使革命以前的舊狀態恢復得更多；則新的革命之爆發爲不可避免。在兩種情形之下，工人階級都是代表全民的眞正的正確的了解的利益，儘可能的加速那種革命的行程；這在文明的歐洲舊社會中現今已成了一種歷史需要，不然他就不能再希望能較爲安寧的和較有規律的發展他們的富源。

至於鄉村民衆之參加暴動，他們大都是投在革命黨的懷裏，一半因爲捐稅的負担比較加重，一半因爲封建制度的對他們的壓迫。

這些鄉村民衆，因爲缺乏自己的創造力，祇能成爲參加暴動的其他階級的尾巴，在一邊是工人一邊是小商人階級的中間動搖。他們中間各人的社會地位，差不多永遠決定了他們傾向那一邊：農業勞動者一般的是贊成城市的雇工，小農是習於和小商人携手並進。

我們曾屢次說到這一個小資產階級有很大的重要和影響，他可稱為是一八四九年五月暴動的領導階級。德國的這一次的運動中心地方，沒有很大的城市，而這小商人階級在中等和小的城市中總是佔優勢的，他想着了方法得到了這運動的領導權。而且我們曾說過這次擁護帝國憲法和德國的國會權力的鬥爭之所以發生，正是因為這一特別的小資產階級的利益受着威脅。在各暴動區域中所組織的臨時政府，多半都是代表這一階級的人民，他們所走的路的遠近可以作測驗德國小資產階級的能力的標準，我們在以後將要看到，他們的能力除了斷送委托於他們的任何運動以外，不能有旁的成就。

小資產階級大言不慚，而在行動上却輭弱無能，且怯於冒險犧牲。他們的商業交易和他們的金錢出納之小規模性質，特別容易影響到他們的精神，使其缺乏精力與進取心，當然類此的性質也反映在他的政治事業上。因此，小資產階級用大言鼓吹暴動，且誇大說他們將要怎麼做在暴動違反他們的意志而發生以後，他們又急於求取得政權；但是他們除了用這種權力毀壞暴動的效果以外別無其他結果。無論什麼地方，一個武裝的衝突使事態的危機變爲很嚴重的時候，小商人階級就對於所造成的對於他們很危險的情勢，發生極大的恐懼，他們恐懼那些人民把他們的誇大的號召暴動的言詞認以爲眞；他們恐懼政權眞正的落在自己的手中；尤其恐懼他們被迫而執行的政策所貽的對他們自己的，對於他們的社會地位以及對於他們的財富的後果。他們不是爲人所盼望，依照他們自己向來所說的，爲暴動的目的犧牲『生命與財產』麼？他們不是被强迫在暴動中佔重要的地位，在失敗以後就冒損失資本的危險麼？假使勝利的時候，他們相信不立刻被驅逐出政府，眼望着他們的整個政策被構成他們的戰鬥軍隊的主力軍的勝利的無產階級所根本破壞麼？這樣，小資產階級是處在受各方面包團的相反的危險中間，不知道如何運用他們的政權，只有一切事情均聽其自然，因此自然喪失了一切或有的勝利的小的可能，和完全的斷送了這個暴動。他們的政策，或者更正確的說，他們的沒有政策，在各處，都是一樣，所以一八四九年五月的德國各地的暴動，都是鑄成的一個模型。

在德勒斯登地方，爭鬥在城市的街上繼續了四日之久。德勒斯登的小資產階級及商團，不僅不戰鬥，而且在許多地方贊助軍隊的行動去壓服暴動者。這些暴動者幾乎完全由四週的工業區域中的工人所構成，他們有一個能幹而頭腦冷靜的指揮就是俄國的亡命客，米哈爾•巴枯甯，他在以後被捕，現在在何牙利的孟加克（Munkacs）的獄中。只是普魯士的許多軍隊的干涉，才壓平了這個暴動。

在萊因普魯士，沒有眞正的大的戰鬥。一切的大城市都築有炮台，上有堞望台，在暴動羣衆方面祗能作小的接觸。假使有相當數量的軍隊集合攏來的時候，武裝的抵抗即行完結。

在拍拉丁拉特和巴登的情形恰恰相反，一個富足肥饒的省分和一個整個的國家都落在暴動者手中，金錢、軍火、兵士和戰鬥的儲藏一切都齊備。常備軍的隊伍也都加入了暴動者方面，且不僅如此，他們在巴登還是暴動者的先鋒。在薩克森和萊因普魯士，暴動者且自己犧牲，以便使德國南部的運動得到準備的時間。一省或局部的暴動從未有如現在這樣的順利形勢的。巴黎的革命快要發生；匈牙利的軍隊進到維也納的城下；德國的中部各邦不僅是人民而且軍隊都極贊成暴動，祇等待一公開加入的機會。然而這個暴動祇要一落在小資產階級手中領導，他一開始就被熄滅。小資產階級的統治者，特別是在巴登——他們的領袖是布倫唐諾先生（Mr. Brentano）——在佔據着大公爵（即『合法的』統治者）的地位和特權以後，從來沒有忘記他們所做的事是謀反叛逆。他們坐在他們的閣員交椅上的時候，心裏常感覺自己是有罪的。你想這一羣懦夫能夠做什麼呢？他們不僅放任暴動，任其成爲一種無系統的因此是無結果的自起自發的活動，他們眞是盡他們所有的一切能力將這運動的鋒鋩去掉，閹割他和燬滅他。他們居然成功了，謝謝他們的那一派政客的熱心幫助，他們是小資產階級的『民主主義』的英雄，當他們讓他們自己被少數的辛辣的人們（如布倫唐諾）用繩索穿在鼻子上牽着走的時候，他們自以爲這眞正是『救國』。

至於戰鬥行動一方面，則軍事行動從來沒有進行得如此愚蠢和無氣力，有如在巴登的總指揮西格爾（Sigel）一個常備軍的退伍中尉領導之下那樣的。一切的事情都陷於混亂，一切的好機會都被錯過，一切的寶貴時機都爲思索那大而無當的空泛計劃所耗去，直到最後，老練的波蘭人米羅斯拉夫斯基（Mieroslawski）担任總指揮的時候，軍隊已經被擊敗，瓦解，士氣沮喪，給養缺乏，與一個四倍之衆的敵人對抗，米羅斯拉夫斯基只有在華格霍衣塞爾（Waghäusel）整軍，作一光榮的雖則沒有勝利的決戰，實行了一個聰明的退却，在拉斯塔德（Rastatt）的城下，又作一最後一次的無希望的決戰，以後他就辭職。

在每一個暴動的戰爭中，當革命的軍隊是由素有訓練的和新入伍的兵士們混合在一塊的時候，在他們中間也有很多的英勇的行爲，也有很多非兵士的和難以形容的驚恐；雖則他是一支不健全的軍隊，但是他至少可以自豪，以四倍之衆的敵人的力量，還不能夠擊敗他，而且十萬的常備軍反對二萬的暴動者的作戰中，他們在軍事上爲人所敬重，這十萬人視他們如拿破侖的老衞軍一般。

暴動在一八四九年的五月爆發，同年七月中旬完全被鎭壓下去，第一次德國革命即由此完結。

——載於一八五二年十月二日之講壇報

一九

德國國民會議之解散

一八五二年九月二十四於倫敦

當德國的南部和西部正在公開舉行暴動的時候，當各邦政府從德勒斯登的初次開釁到拉士達德的降服，需要十星期以上撲滅第一次德國革命的最後一次的火焰的時候，國民會議也正於此時從政治舞台上不見了，但是當他退出的時候，沒有一個人注意他的。

我們會擱置着這個莊嚴的機關在法蘭克佛特惶惑不安，因爲各邦政府傲慢的攻擊他的尊嚴，他自己產生的中央政府，又是柔懦和等於叛逆一樣的懶惰痲木，小資產階級爲擁護他，工人階級爲更革命的目的起來聯合暴動。失望和沮喪的空氣支配着全體議員；忽然事變起了一種明確和決定的變化，僅僅幾天之內，這些博學的立法議員的幻想（關於他們自己眞正的權力和影響）是完全崩壞。保守黨的議員爲各邦的政府所召呼，已經都離開了會議（此會議以後除了反抗各政府的權力以外即已不能存在）。自由主義者也是非常消極絕望，也脫離不幹，放棄了他們代議士的資格。代議士先生們脫離者以數百計。八九百議員降落如此之快，一時是以一百五十人爲集會的法定人數，數日以後，又改爲一百人，甚至這一百人也很難集合，雖則民主黨的全體議員仍然留在那裏。

這個國會的殘餘份子所應當採取的政策是很明顯的。他們只要公開地和堅決地站立在暴動者方面，給這種暴動以合法的名義，以增加他的力量，他們立刻就得着擁護他們自己的一支生力軍，他們應當要求中央政府下令立刻停止一切軍事行動，假使，（他們是能夠預見）中央政府不能或不願這樣做的時候，則立刻的將他廢棄而另立更强有力的政府。假使暴動的軍隊不易調到法蘭克佛特（其實，在最初當各邦政府很少預備而且還在搖動的時候這是很容易辦到的）則國民會議應宣佈遷移到暴動區域的中心地點。假使這一切至遲在五月的中旬或下旬一齊和堅決地做到了，暴動和國民會議的前途自有勝利的希望的。

但是我們不能從德國的小商閥的代表們希望這種堅決的路線的實現。這些趾高氣揚的政治家還未盡脫離他們的幻想。那些已經對於國會的實力和不可侵犯性已根本失去信仰的議員，已經逃脫無踪，留下的民主派是不容易拋棄他們所懷孕有十二月之久的對權力和虛榮的迷夢。他們很忠實於他們所歷來進行的路線，在每次有成功的機會或者說至少有作光榮的一戰而後失敗的機會，他們都退縮着不肯堅決行動，輕輕地讓這機會過去。爲要裝作活動的緊張和繁忙，（這種做作的純然懦弱無能，又加上他的一種自負不凡，祇有激起人們的憐憫和譏笑），他們繼續的發表決議，發表文告和對於帝國大佐的要求（但是大佐則置之不理），他們向閣員請願，實在閣員是與敵人們公開的相聯合着。最後，威廉烏爾夫〔斯特利克Striegan）的議員〕，新萊因新聞編輯之一，全議會中唯一的革命家，告訴他們假使他們所說的是誠意的，他們最好放棄空談而立刻宣佈帝國大佐（這國家的罪魁）爲叛逆。當他做此提議時，議會的全體議員先生們都對他表示最一致的道德上的憤怒，卽在政府對他們不斷的侮辱的時候他們也未如此表示過的。

自然，烏爾夫的提議是聖保羅敎堂的四壁之內的所發的第一次的誠正的聲音，自然這是一件最應當做的事情，這樣明白的語言直捷而中肯，不能不算是侮辱一般感情主義者，他們任何事都不堅決，祇有以不堅決爲堅決，他們太怯於行動，已經下過一次永久的決心以不做事情爲他們眞正應當做的事情。每一句如閃電一樣照耀他們的有意的混沌而癡醉的心理的話，每一個足以引導他們脫離迷津（其實他們甯願堅持住在那裏，愈久愈好）的暗示，每一個關於眞正的形勢底明瞭理解的觀察，自然在他們認爲都是反對莊嚴的全民的議會的罪狀。

當這些尊貴的先生們的地位，在法蘭克佛特很快的變爲不能維持的時候，（雖則他們發了很多的決議、檄文、質問、宣言）他們舉行退却，但不是到暴動的區域；像這樣做的步驟，未免是太堅決。他們遷到斯士脫加爾特(Stuttgart)在那裏的烏耳登堡邦的政府，可以保持一種觀望的中立。他們終於在那裏宣佈解除帝國大佐的職權，而從他們自己中另選五人組織攝政委員會，這委員會立刻通過一個民團法，並以法律的效力通告德國各邦政府執行。

德國的各邦政府本是議會的眞正敵人，現在牠命令他們抽調力量來防禦他！他們又創立了一個爲擁護國民會議的軍隊（自然這只是創立在紙上），一切關於師旅團營的編制都有規定和命令，唯一所缺乏的祇是這一個實在的東西，這軍隊，自然是從來沒有存在過。

國民會議應當採用最後的一個計劃。全國各地的民主主義者都派代表請願，願受國會的指揮，並勸告他採取堅決的行動。這些人民知道烏爾登堡政府的眞正意旨，向國民會議請求，强制該政府與其暴動的鄰邦公開的積極的一致行動。但是國民會議不如此做。國民會議在到斯士脫加爾特時，已經將他交給烏爾登堡政府的仁慈的保衞之下。這些議員了解此點，因此壓抑人民間的這種鼓吹。這樣，他們仍然保存的最後一點影響，也都喪失了。他們値得一切人的輕視，於是帝國大佐在一八四九年的六月十八日封閉了國會集會的場所，且命令攝政委員離開國境，這樣的停止了一齣民主主義的滑稽劇。

以後他們到巴登；到了暴動的陣營以內。但是他們到那裏已經是多餘的，已無人注意及他們。然而攝政委員會仍舊用代表德國人民的主權名義，繼續的活動努力救國。他們企圖用發護照給那些願接受的人們的方法，取得列强的承認。他發表宣言派遣委員到烏爾登堡的各地，但是這些地方從前在未晚的時候曾應允積極援助他而遭他拒絕，自然這一切方法都沒有效果。在我們的眼前有一篇原文的報告，是此中委員之一羅斯勒先生(Herr Roesler)(渥爾斯的議員)寄給攝政委員會的，我們舉這一報告的內容可以概其餘。他的日期是一八四九年六月三十日在斯士脫加爾特。他先描寫了六個的這些委員爲尋找金錢而做這無結果的旅行，在此敘述以後他即舉出許多他沒有赴任的理由，以後他又提出一種極有力量的論據，說及在普魯士奧地利巴維利亞烏爾登堡有不同的意見之可能，以及由此將產生的後果。在充分的考慮了這問題以後，他得到結論，認爲大事已去。以後他提議由可信託的人組織鄭政一樣的機關傳遞消息，組織偵探機關，偵查烏爾登堡的眞正意旨和軍隊調動的情形。這封信從未寄到收信人，因爲當他寫了以後，攝政委員會已完全搬到外交部，換言之，即搬到瑞士去了。當着可憐的羅斯勒先生，很費力的去猜測這一個六等國家的可怕底內閣的意旨的時候，已經有十萬普魯士巴維利亞和赫斯的大兵在拉斯達德的城脚下作了最後一次的決戰，解決了這一切的問題。

德國的國會是這樣的消滅了，亦即是德國革命的唯一產物的消滅。他的被召集是第一個證明說，在一月間會眞正有過一次革命；他只能存在到這第一次的現代的德國革命還沒有完全終結的日子。這一國會的選舉，是一個在資產階級的影響之下、分裂的散漫的多半是才從封建制度的黑暗中醒悟的農村人民所舉行，這一國會祇是集合一切一八二〇年至一八四八年之大名鼎鼎的人物在一個政治舞台之上，於是即完全葬送這些人的名望。一切中等階級的自由主義的有名人物都集合於此。資產階級希望由此看到神妙的事情出現，結果他們羞辱了他們自己和他們的代議士。德國的工商業的資產階級是比任何一國的更遭嚴重的失敗；他們始而被征服，被打折，被德國各邦逐出政府，繼而在德國中央國會被輕視和被屈辱。政治的自由主義，即資產階級的統治原則，無論在帝制和共和的形式之下，在德國永久爲不可能了。

德國國會的後一個時期，祇是羞辱那一部份自一八四八年三月以後來領導反對派的人們，即代表小資產階級的和稍代表農民的利益的民主主義者。該階級是在一八四九年的五月和六月得到一個機會試驗他們的能力，看他們能否在德國組織一個鞏固的政府。我們已經看到他如何的失敗，這種失敗不是由於不順利的環境而是由於自革命暴發以來的一切緊急的時期中他們表示眞正的和不斷的怯懦；他們在政治上表顯的，正是和他們在商業行動的特色上一樣的短視冷淡和不堅決的精神。在一八四九年五月他們因爲這種路線失去了歐洲暴動的眞正的戰鬥的羣衆們的(即工人階級的)信仰。然而他還不是沒有希望。德國的國會是屬他所有，在反動派和自由主義者退出以後更爲他所專有。農村的民衆也擁護他。各小國的三分之二的軍隊，普魯士三分之一的軍隊，及普魯士的多數民團，祇要他行動堅決和勇敢，(是明瞭觀察事情所得到的勇敢)，他們即準備參加。但是領導這一階級的政客，他們不比跟着他們走的商人們更爲高明。

他們證明自己比自由主義者更爲癡獃，更熱狂的傾向於故意培植起來的幻想，更爲頭腦簡單，及更不能堅決的應付事實。他們的政治上的重要減低至於冰點以下。他們的這種平凡的主張沒有眞正的實行的機會、但是他們仍未失去最後的希望，在極順利的情形之下，他們還能一時的復活，假使不是如法國的路易•邦拿巴特的政變，將他們的『純潔民主主義』的同僚的這種最後希望亦削奪得乾乾淨淨的時候。

德國西南部暴動的失敗和德國國會的解散將德國第一次革命史告一結束。我們現在臨別前須一觀反革命的聯盟中的勝利的各員，我們將在下一次通信中做這件工作。（註）

——載於一八五二年十月二十三日之講壇報

註 我在許多次的尋找以後，終於不能得到上文中所說的『下一次通信』，假若他是寫了，無疑的是沒有發表過。——夏魯娜•馬克思◎

二〇 科倫的審訊共產黨員事件

一八五二年十二月一日於倫敦

你們在收到這封信以前想已接到歐洲的報紙關於普魯士的科倫的對於共產黨員的審訊及其結果的報告。但是因爲這些報告沒有一個是對於事實的忠實的記載，而因爲這些事實明亮的照耀着束縛歐洲大陸所用的政治手段，我認爲有敘述此案件之必要。

共產黨或無產階級的政黨以及其他的政黨因爲集會結社的自由權被剝奪的

關係，喪失了在大陸上合法的組織的可能。此外共產黨的領袖們都被各國所放逐。但是，沒有一個政黨可以不要組織而存在；自由主義的資產階級和民主主義的小資產階級因爲其社會地位優越，和長久建立的日常的個人間的交際關係，他們能相當的維持組織，在無產階級沒有如此的社會地位和金錢，祇有設法形成祕密組織。所以在德國與法國自一八四九年以後，發生衆多的祕密結社，逐一的爲警察所破獲，而且以陰謀作亂罪告發；但是假使這許多祕密團體眞是陰謀團體，其組織的眞正目的是企圖推翻現在的政府——假如某人在某種應當的情形之下不去進行陰謀，他一定是一個懦夫，正如他在別種不應當的情形之下去進行陰謀卽是一個蠢才——另外亦有別種結社是爲遠大的和高尙的目的而組織的，他們認爲推翻現在的政府，不過是將降臨的巨大鬥爭中之一個過渡階段，而且他們想集合和準備一個政黨（他們就是這政黨的核心）去迎接那最後的決定的戰爭的到來，這戰爭總有一日在歐洲會永久的將那不僅是暴君、帝王、和篡奪者的權力，而且要將一更偉大和比他們更可怖的一個權力，就是資本支配勞動的權力，打得粉碎。

德國進步的共產黨之組織卽是屬於此種性質之集團。這一政黨遵照着他在一八四八年所發表的宣言（註）的原則和遵照着在以後講壇報所發表的德國的革命與反革命的許多論文的解釋，他從未想像自己在任何時候和在任何條件下能任意產生那種使他理想實現的革命。他研究了一八四八年的革命運動產生的諸原因及其失敗的諸原因。他承認階級間的社會對抗，是伏在一切政治鬥爭的下層，他自己研究了某社會階級，何以能夠而且必須在政治上統治一國的各種條件，卽是被歷史所命令以代表一國的全部利益。歷史告訴共產黨，如在中世紀的地主貴族以後發生了初期的資本家的金錢量和他取得了政權；如何在蒸汽機發明以後這一部分財政資本家的社會勢力和政治統治爲工業資本家的繼長增高的力量所代替，而且現在如何又有兩個階級——卽小資產階級和工業無產階級——互相競爭統治權。一八四八年至一八四九年的實際經驗證實了一種理論的分析，這種分析的結論是說資產階級民主主義應當先試驗自己，然後共產主義的工人階級才能希望建立自己的政權，殲滅那受資產階級奴役的工銀制度。由此共產主義者的祕密組織不能有推翻德國現在一切政府的直接目的。他們組織起來，不是爲推翻這些政府而是推翻繼此等政府而起的暴動以後的政府，他的黨員或者而且必須個人的積極的帮助那反對現在狀況的革命運動；但是這一個運動的準備，他們除了用在羣衆中祕密的宣傳共產主義思想的方法以外，不能使這準備成爲這一團體的直接目標。這一個團體的多數團員，對於此團體的基本任務非常正確的明瞭，所以有一部分投機野心份子想利用牠做一個不成熟革命的陰謀機關之時，這些人是立刻的被開除出去了。

由此按照地球上任何一國的法律，這一個團體不能稱爲是陰謀或謀反叛逆的結社。假使牠是陰謀叛逆的結社，牠不是爲反對現在的政府，而是反對現政府的繼承者。普魯士政府亦了解此點，所以有十一名被告囚禁在隔離的囚牢十八月，而官廳利用此時間作司法上的最奇怪的游戲。我們試想在拘留八個月後，犯人被命令更等待數月，「因爲還沒有查出他們犯罪的證據」！在最後陪審法庭審判他們時，牠不能舉出一件帶叛逆性的祕密行動以判决他們的罪。然而他們被定了罪，他們的罪是怎樣的定的，我們即刻即可以明瞭。

這個團體的一個使者是在一八五一年五月被捕，因爲在他身上所搜去的文件，又續捕了其他諸人。一個普魯士的警官名司特白（Stieber）的，立刻受了委任，去調查該項所謂陰謀在倫敦的分部的情形。他得到了幾篇關於以上所說的脫離該組織的人們的文件，這些被開除了的人們眞在巴黎和倫敦進行推翻政府的陰謀。這些文件是賴兩重犯罪而得到的。一個名路透的人被賄買偷開了該組織祕書的書桌而竊到了這些文件。但還不止此。這一種偷竊引起了所謂德法陰謀的在巴黎的破案及其參加者之定罪，然而這些人都與共產主義者同盟無關。我們順帶在此說，巴黎的陰謀是爲倫敦一些愚蠢的野心家和政治冒險者以及一個曾犯過案的僞造文書的人（當時在巴黎作警察的偵探）所指導，這些蠢才用他們的狂暴的漫駡的宣言和標語，以隱蔽其政治上的完全無意義之存在。

普魯士的警察又不得不去找尋新的證據。他們在倫敦的普魯士使館中建立了一個秘密的偵探機關。一個偵探長名格萊夫在使館內表面上是一個副官而實際上則從事於這可惡的事業——這樣的手段已足置一切普魯士的使館於國際法的保護之外，即在奧地利人，他們亦未敢於這樣做過的。在他之下有一個福羅立替他工作，此人是倫敦的商人，略有資產而且有相當之身分，是一種天生傾向於做無恥的事件的下流的人。另有一偵探名赫爾斯，是一個商業事務員，從他一到倫敦時，人即認他爲偵探。他要求加入亡命倫敦的幾個德國共產黨員的一個組織，他們（德國共產主義者）爲要得到關於他眞正人格的證據，暫時允許他加入。但他與警察有關係的證據就很快得到了，從那時起，赫爾斯先生就不

科倫的審訊共產黨員事件

敢再到會。雖然他由此離開了一切探聽消息的機會，（他是被收買着專做這事的，）但他並未停止活動，從他退到肯新敦起（他在那裏從未遇見一個眞正的共產黨員）他每星期僞造普魯士的警察所得不到的一種陰謀團體的中央委員會的虛構會議的虛構記錄。這些報告的內容最爲荒謬無稽，沒有一個人的名字，是弄對的，沒有一個人的姓是拼寫的正確，他所揑造的某某人的發言都是些人從不會有的這樣的口氣，他的主人福萊立幫助他這種僞造文書的工作，卽副官格來夫是否與這些不名譽的行爲無關，也是一個疑問。幾乎令人不能相信的，普魯士的政府把這些蠢笨的僞造的文件視爲至寶，你們可以想像提出於法庭之前的證據是如何的混亂。當審訊開始時，司特白先生，卽以上所說的警官，走到證人席上宣誓的說，這些荒謬無稽的僞造文件是眞的，且很得意的說他有一個祕密使者和在倫敦的這些陰謀的主使者有一種最親密的關係。這一個祕密的使者眞是祕密，因爲他自己藏在肯新登八個月，害怕眞的看見他每星期所在僞造的報告中所誣蔑的人。

赫爾斯和福羅立先生們另有一件揑造的事情。他們將他們所揑造的報告貫通成一祕密的最高委員會的『記錄原文』，普魯士的警察堅認此種最高委員會之存在；司特白先生因爲看見這本記錄與他在從前從福羅立和赫爾斯所接到的關於同事件的報告異常符合，於是立刻交給陪審法庭，宣誓說，在愼重的調査了以後和依照他最堅決的信念，這本記錄是眞的而非僞造的。於是赫爾斯所報告的許多荒唐的消息都公布了。你們可以想像這些所謂祕密委員會的委員，當他看到說及他們的事情，而他們自己就從來不知道的，他們看見了是如何的驚異。本來名叫威廉的人此地寫着路易和加爾；有些人在那時候，是在英國的另一地方的，此處說成他們在倫敦的會場中發言；有些人說成他們當衆報告某信的內容，其實他們從未收到過這種信件，他們於每星期的星期三日有一懇親會，報告上則說他們每星期開一次常會；一個工人他本不會書寫，報告中說他是會議中的記錄而且上面有他的簽名；一切揑造的關於這些人們的發言，他祇是普魯士警察所用的語言，絕不是一個本國內知名的文人佔多數的團體會議所說的。他們又僞造了一個收到若干金錢的證據，假作該僞造人付給該虛構的中央委員會的某祕書以爲購得此記錄之代價；但是此一虛構之祕書的存在，祇是寄托在某個惡作劇的共產黨員和不幸的赫爾斯開玩笑時給他的一個假名。

這種笨拙的僞造是太滑稽了的一件事，不能不引起所希望的相反的結果。雖則被告者們的倫敦的朋友們沒有方法將這案件的眞情交到陪審法庭——雖則他們寄給辯護士的信件都被郵政扣留——雖然他們能交到這些法官先生手中的文件和供述書都不許提出作爲證據，然而社會是非常憤激不平，即在檢察官，而且甚至司特白先生——他曾宣誓保證該記錄是眞本的——不得不承認該記錄是一種僞造品。

然而這種僞造並不是警察所犯的唯一的罪案，與此性質相同的兩三種事情也在審訊中發現。路透所盜竊的文件爲警察所修改，失去了這些文件的原意，一個含有荒謬的胡說的文書是用模仿馬克思博士的字跡所草成的，始而假充是是他寫的，祇至最後，檢察官不得不承認這是僞造。但是在每件這種警察做的無恥的事件水落石出後，他們又另揑造五六件新的誣蔑，不能當時立刻的揭破，辯護師只有驚異，祇好再向倫敦搜求反證而每次辯護師與倫敦亡命的共產主義者的通信，都在法庭認爲是參與了被告的陰謀！

格來夫與福維立是如我們在此所說的那樣的人，這件事已經爲司特白先生自己作證人時所供招；至於赫爾斯，他已在倫敦的縣吏面前招供他僞造了這本『記錄』，是受了福維立的命令和幫助，以後他就逃出了英國以免刑庭的追究。

政府因爲審訊中的這樣的致命的揭發，一時頗陷於難堪。他的陪審法庭是由六名貴族和兩名政府官所組成。因爲這些人所常聽着的，都是說被告們是些可怕的共產黨的陰謀首領，他們要起來推翻一切神聖的東西——財產、家庭、

科倫的審訊共產黨員事件

宗教、秩序、政府與法律！當他們常聽着這些話貫入耳鼓的時候，他們當然不是那能夠用心研究那一大堆六星期內搜集起來的雜亂的證據的一種人了。然而假使不是政府同時示意這些特權階級說，若是他們將這次案件判爲無罪，政府卽解散這種陪審法庭，因爲政府認爲這卽是一種中等階級的自由主義反對派的直接政治表示，準備着甚至和最極端的革命黨聯合，——假如政府沒有此種主張時，這判決一定是無罪釋放的。這樣，正是新的普魯士的法律的回射的應用，使政府定七名犯人之罪，僅僅釋放四人，那七名定罪的，處三年至六年的有期徒刑，這種消息想早已達到了你們的面前了。

——載於一八五二年十二月二十二日之講壇報

註 此卽有名的共產黨宣言，卽一八四七年十一月在倫敦所舉行的共產黨大會，推舉馬克思恩格斯所起草的，在一八四八年發表於倫敦。該宣言的基本思想，我們可引恩格斯在共產黨宣言導言的一段以爲說明：「在每一歷史時代，經濟的生產和交換的主要方式以及與之必須相應